Katja Wegener

Blaue Glücksorte in Oberbayern

Fahr raus & tauch ein

D

Dieses
Glücksbuch
ist für

Liebe Glücksuchende,

unaufdringliches Perlwasserblau sorgt am Bergsee für Ruhe, im Biergarten für Genuss und bei zauberhaften Wasserübernachtungen für erholsame Augenblicke. Ob Sundowner in der Beach Bar, schlafen im alten Wasserturm oder auf Schusters Rappen durch die Klamm. Die glücklichsten Augenblicke sind zeitlos, gerne versteckt in unerwarteten Momenten und an vielschichtigen Orten. Wer sich darauf einlässt, dieses beruhigende Gefühl in Oberbayern zu spüren, wird in traumhafter Natur mit genussvollen Augenblicken und kreativen Auszeiten belohnt. Authentisch, traditionell und immer wieder überraschend hüllt sich die Region vom Altmühltal bis zur Alpenkette in gelassenes Mittelblau. Majestätische Berge mit farbenfrohen Wiesen treffen auf kristallklares Wasser, genussvolle Ortschaften mit facettenreichen Übernachtungsmöglichkeiten und faszinierende Himmelsmomente.
Vielleicht klingen 80 blaue Glücksorte ein wenig ambitioniert, doch eigentlich sind es noch viel zu wenig. Jeder Ort ist individuell, einzigartig und auf seine Art charmant. Klassiker mischen sich mit unentdeckten Perlen, Blickwinkel und Uhrzeit verändern die Perspektive.

Inspirierend blaue Auszeiten im Glücksmodus wünscht

Ihre Katja Wegener

Deine Glücksorte ...

... noch mehr Glück für dich

Zauber in Königsblau

1 Der Malerwinkel am Königssee

Im äußersten Südosten Bayerns, umschlungen von alpiner Bergwelt, ruht der Königssee. Hier, wo Natur und Kultur zu unvergleichlicher Schönheit verschmelzen, ist die Leidenschaft des Prinzregenten Luitpold von Bayern für diesen Ort leicht nachvollziehbar. So ziemlich jedes Postkartenklischee wird hier von dem smaragdblauen Wasser des fjordartigen Sees übertroffen. Umgeben von majestätischen Felswänden und dichten Wäldern übt er eine faszinierende Anziehungskraft auf seine Besucher aus. Die Tageszeit spielt eine entscheidende Rolle, wenn es vorbei an den dunklen Bootshütten am ehemaligen Café Malerwinkel entlang hinauf in den Wald geht. Das Ziel ist einer der magischsten Glücksorte am See, der schon so manchen Maler und Naturliebhaber zu meisterhaften Werken inspiriert hat. Der Malerwinkel ist sicher einer der bekanntesten und gleichzeitig emotionalsten Orte am Königssee. Hier findet sich eine Mischung aus Erhabenheit und Vergänglichkeit, aus Stille und Harmonie. Das Lichtspiel, das sich auf der Oberfläche des Sees widerspiegelt, erweckt den Eindruck einer Märchenwelt. Ein Ort, an dem man für einen kurzen Moment den Atem anhält, um die Schönheit der Natur in all ihren Facetten zu erfassen.

Doch genau hier geben Wetter und Tageszeit wichtige Eckdaten vor. Früh morgens, wenn mystisch die Nebel aus dem eisigen See aufsteigen, sich verträumt Regenschwaden vor das Panorama schieben oder die untergehende Sonne alles in ein diffuses Rosa taucht, kann man diesen besonderen Ort auch mal für sich alleine, fernab unzähliger Touristen genießen. Die finden sich nämlich zeitnah mit den ersten Bootsabfahrten Richtung St. Bartholomä mit seiner kleeblattförmigen Barockkapelle am Seeufer ein. Die gesamte Runde durch lichten Mischwald und felsdurchsetzte Wegstücke lässt sich mit einer Distanz von 3,8 Kilometern und einer Höhendifferenz von 170 Metern gemütlich in etwa 1,5 Stunden erleben.

● Malerwinkel, Startpunkt des Spaziergangs: Parkplatz Königssee, Seestraße 3, 83471 Schönau am Königssee

● ÖPNV: Bus 841, 842, Haltestelle Königssee

Mit dem Strom

2 Fluss frei für die Loisach-Flößer

Rasant nehmen die Holzstämme Fahrt auf, um feuchtfröhlich über die Rutsche in den nächsten Flussabschnitt hinabzurauschen. Was heute wie eine Gaudi mit Brauchtumscharakter anmutet, hat seinen Ursprung in einem jahrhundertealten, anspruchsvollen Handwerk. Körperlich schwer und daher ein reiner Männerberuf war die Flößerei. Wo früher auf den Fichtenstämmen Bau- und Brennstoffe, aber auch Kalk und Gips aus dem Alpenvorland nach München transportiert wurden, sind heute bis zu 60 Personen pro Floß lustig unterwegs. Im Zuge der Industrialisierung, mit dem Einzug von Eisenbahn und Nutzfahrzeugen, wurde der gefährliche Warentransport auf dem Wasser hinfällig. An der Bedeutung der Tradition besteht in der Region südlich von München jedoch kein Zweifel und so wurde die Flößerei auf Isar und Loisach als internationales immaterielles Kulturerbe in die Liste der UNESCO aufgenommen.

Mal gemütlich, mal mit ziemlicher Geschwindigkeit schippern von Mai bis September Floßfahrt-Anbieter über Loisach und Isar. Ob Betriebsfeier, Einzelperson oder kleine Gruppen, eine Floßfahrt, die ist lustig … Kaum gestartet, sorgen Blasmusik und Brotzeit für amüsante Momente, bevor es auf der 28 Kilometer langen Strecke neben sechs kleineren Rutschen auch über Europas längste Floßrutsche geht. Fünf bis sieben Stunden dauert das feuchtfröhliche Vergnügen, das zuweilen auch beeindruckende naturbesinnliche Augenblicke bereithält.

Deutlich ruhiger geht es auf dem Loisachrundweg in Wolfratshausen auf Flößer-Spuren zu. Übersetzt wird der Fluss „die Liebliche" genannt, dabei war die Loisach in der Vergangenheit ganz schön reißend. Gewerbe wie Hammerschmiede und Glashütte waren hier angesiedelt und produzierten Waren, die von den Flößern transportiert wurden. Der Weg eröffnet einen Blick auf die Stadt Wolfratshausen aus Flussperspektive und führt zu den Stationen der Flößer wie dem Kastenmühlwehr und der Floßlände.

TIPP

Gemütliche Einkehr im Wirtshaus Flößerei, wo man im Biergarten auf die Loisach schaut.

- Flößerei Josef Seitner, Schlederleiten 7, 82515 Wolfratshausen, Tel. (0 81 71) 7 85 18 www.flossfahrt.de
- ÖPNV: Bus 975, Haltestelle Weidach, ca. 3 Min. Fußweg

AULANER

„Hach, ist das schön“

3 Das Loriot-Denkmal in Münsing

Gemütlich sitzen sich die beiden Knollennasen-Protagonisten in der feudalen Badewanne gegenüber. Herr Müller Lüdenscheid und Dr. Klöber, der sich in der Zimmernummer geirrt hat, diskutieren erregt über die Wassertemperatur und baden mit einer Quietscheente. Bis sich ein Dialog entspinnt, der sein Ende in munterem Wetttauchen findet.
Seit Sommer 2017 ziert genau diese Szene aus expressivem Granitgrau den Blick vor Münsings Eisdiele, in Gedenken an den großartigen Karikaturisten und Humoristen Vicco von Bülow. Es ist eine Hommage an Loriot, den wohl berühmtesten Beobachter von „Kommunikationsgestörten“. Und so sprudelt abwechselnd Wasser aus den Mündern der steinernen „Herren im Bad“, als Symbol für ihr gepflegtes Streitgespräch. Bernhard-Viktor Christoph-Carl von Bülow, ein Name, der sicher bei vielen für Achselzucken sorgt, geboren 1923 in Brandenburg an der Havel, starb im August 2011 im Ammerland am Starnberger See. Neben seinen beliebten Knollennasen-Männchen zählen Sketche und Karikaturen zu seinen Werken, ebenso wie zahlreiche Bücher, Filme und von ihm inszenierte Opern und Theaterstücke. Sprüche wie „Früher war mehr Lametta!“, „Ein Klavier, ein Klavier!“ und „Bitte sagen Sie jetzt nichts ...“ werden bis heute liebevoll von Loriot-Fans zitiert.
Gemütlich bei einem leckeren Eis lässt es sich genussvoll über so manch legendären Witz des Menschenbeobachters sinnieren. Ob Loriot auch des Öfteren in Münsing, dass er als seine Heimat bezeichnete, saß und Material für seine vielseitigen Tätigkeitsfelder sammelte, weiß man nicht. Fakt aber ist: Mit Loriot schuf sich von Bülow nicht nur eine Identität, er erschuf ein Gesamtkunstwerk. Zu seinen Ehren gestaltete der Starnberger Bildhauer Max Wagner in enger Abstimmung mit den Hinterbliebenen die beiden badenden Knollennasen-Herren in der Badewanne auf dem Münsinger Dorfplatz.

TIPP
Die Eisdiele eignet sich als kulinarischer Stopp auf einer Radtour zu Schauplätzen der Serie „Hubert und (ohne) Staller“.

- Loriot-Denkmal, Schmiedgasse 5, 82541 Münsing
- ÖPNV: Bus 373, 961, Haltestelle Am Kirchberg

Olympische Glücksmomente

4 Der Olympiapark München

Geplant und erbaut für die Olympischen Spiele 1972 in der Landeshauptstadt, ist der Park ein Ort voller lebendiger Energie, der das Herz zum Singen bringt. Hier, wo sich Sport, Kultur und Natur zu einer harmonischen Symbiose vereinen, kann man das Glück förmlich spüren. Imposant erhebt sich der schlanke Olympiaturm in den Himmel und bietet eine atemberaubende Sicht auf das Lichtermeer der bayerischen Metropole. Mit dem Lift nach oben gefahren, lässt sich das pulsierende Leben der Stadt mit ihren prächtigen Bauten, grünen Parks und der glitzernden Isar genießen. Bei klarem Wetter reicht der Blick sogar bis zu den majestätischen Alpen, die sich beeindruckend am Horizont abzeichnen. Ein Ort, der einen ganz eigenen Zauber versprüht und besonders zum Sonnenuntergang Herzen höherschlagen lässt. Der Blick fällt auf das atemberaubende Olympiastadion, das mit seiner einzigartigen Architektur und seinem historischen Charme beeindruckt. Fast schwerlos bietet der Flying Fox den Rückweg nach einer Zeltdachtour mit Höhenrausch. Gegensätze ziehen sich an.
Exotische Düfte, buntes Treiben und legendäre Konzerte verwandeln den Park gerade im Sommer regelmäßig in ein Paradies der Kultur. Mit jedem Atemzug spürt man die freudige Aufgeregtheit, die in der Luft liegt. In den sanften Wellen des Olympiaparksees spiegelt sich der Turm. Der See lockt nach gemütlicher Umrundung mit einem Spaziergang auf den aussichtsreichen Olympiaberg. Schnell ist hier der Alltag vergessen. Ein Ort, um den Trubel der Stadt gegen die Schönheit der Natur zu tauschen.
Der Olympiapark in München ist mehr als nur ein Ort. Er ist ein Glücksort, der mit seiner Vielfalt, Schönheit und Magie jeden Besucher in seinen Bann zieht. Es ist ein Ort, an dem man das Glück förmlich spüren kann, an dem man sich geborgen und lebendig fühlt. Das gilt auch, wenn man in die geheimnisvolle blaue Welt der Unterwasserbewohner im Sea Life eintaucht, die beeindruckende Geschichten aus den Tiefen der Ozeane bietet, die mit ihrer Vielfalt und Schönheit in Staunen versetzen.

- Olympiapark München, Spiridon-Louis-Ring 21, 80809 München
www.olympiapark.de
- ÖPNV: U3, U8, Haltestelle Olympiapark

Famose Naturgewalten

5 Spaziergang in der Wimbachklamm

Kraftvoll plätschert das türkisklare Bergwasser über mitgebrachte Steine, rauscht durch enge Schluchten und stürzt sich mutig über Felsvorsprünge. Regelmäßig gibt die Natur den Blick in die Tiefe frei, über der sich wie kleine Prismen die aufsteigende Gischt in alle Regenbogenfarben wandelt. Hat man den etwas steilen und gut 1 Kilometer langen Aufstieg vom Parkplatz an der Wimbachbrücke bewältigt, öffnet sich die Pforte für alle, die beim Kassenautomaten auf halber Wanderstrecke an Wimbachs Wollstadl ein Ticket gelöst haben.

Hinein geht es in das wildromantische Tal, welches sich der Wimbach in den Dachsteinkalk am Fuß des Watzmanns gegraben hat. Jahreszeit und Wetter spielen bei der Tour durch die nur 200 Meter lange Klamm keine Rolle. Ob glitzernde Wasserdiamanten im Sonnenlicht oder spektakuläre Wassermassen nach starken Regenfällen, bewundernswert ist die als Geotop ausgewiesene Sehenswürdigkeit am Ausgang des Wimbachtals immer. Auf eindrucksvolle Weise wird hier die Macht des Wassers deutlich, wie es über immense Zeiträume eine solch faszinierende Landschaft zu formen vermag. Abenteuerlich schlängelt sich der Wanderweg über hölzerne Brücken und Stege, eine schmale Spur entlang der steil aufragenden Felswände. Diverse Pfützen und kleine Rinnsale sind keine Seltenheit. Festes Schuhwerk und angepasste Kleidung sollte, wie immer in den Bergen, selbstverständlich sein.

TIPP

Wichtig zu beachten: Von oben kommend ist der Weg durch die Klamm nicht möglich.

Oben angelangt besteht die Möglichkeit, mäßig steil, aber kontinuierlich ansteigend auf breiten Schotterwegen weiter bergauf bis zum ehemaligen Jagdschloss der Wittelsbacher zu wandern, um in der heute dort untergebrachten Berggaststätte gemütlich einzukehren. Im hinteren Teil des Tals steht die Wimbachgrieshütte, eine Berghütte mit Übernachtungsmöglichkeiten. Bis dahin aber müssen gut 17 Kilometer und 700 Höhenmeter überwundern werden. Glücklich allerdings macht die Tour mitten im Nationalpark allemal.

- Wimbachklamm, 83486 Ramsau bei Berchtesgaden
- ÖPNV: Bus 846, Haltestelle Wimbachbrücke

Herrlich erfrischend

6 Das Naturkneippbecken am Schliersee

Was mit einer gemütlichen Schifffahrt auf dem zauberhaften Schliersee startet, endet gesund und anregend auf dem Erlebnispfad. Direkt am Wasser führt der Rundweg um den Schliersee – ein bayerisches Paradies. Umgeben von einer traumhaften Bergkulisse liegt der 2,2 Quadratkilometer große See auf einer Höhe von 777 Metern. Gespeist wird er von mehreren kleineren Quellen.
Wir machen uns auf den Weg: Vorbei an hölzernen Bootshäusern an der Südspitze finden wir zahlreiche gemütlich wirkende Badestellen, um uns im See abzukühlen. Eine kurze Kuchenpause an der Rixneralm und schon beginnt ein ebener Fußweg, der direkt zum Erlebnispfad wird. Zur Begrüßung hat sich das vom Künstler Peukert Rudi mit der Motorsäge erschaffene Paar „Schliersee Dirndl und Bua“ aufgestellt, um dem Brotzeitplatz eine besondere Atmosphäre zu verleihen. Tannenzapfen, Steine und Sand schulen mal piksend, mal weich die Reflexzonen der Füße, während es über den schön geschwungenen Barfußpfad geht. An seinem Ende wartet der See und mit ihm ein naturbelassenes Kneippbecken. Ganz schön tief geht es hinein, direkt an der hölzernen Haltestange, die bei dieser teilweise rutschigen Angelegenheit als willkommene Unterstützung dient. Die Hosenbeine deutlich über die Knie hochzukrempeln ist absolut angeraten. Ein herrliches Gefühl gerade in der warmen Jahreszeit und bei kühlem Wetter eine gute Abhärtung für das Immunsystem.
Gemütliche Himmelsliegen bieten Platz, um die weißen Wolken auf ihrem Weg über das strahlendblaue Firmament mit ein paar Träumen und Gedanken zu bestücken, während die Füße wieder trocknen. Holzfernrohre leiten den Blick auf Berg und Burg am gegenüberliegenden Seeufer und eine gigantische Baumscheibe berichtet mit ihren Jahresringen über geschichtliche Ereignisse. Zum Abschluss ist noch einmal Gleichgewicht auf dem Geschicklichkeitsparcours gefragt, bevor die genussvolle Seeumrundung direkt auf der Terrasse am gemütlichen Milchhäusel ihr Ende findet.

- Naturkneippbecken am Erlebnispfad am Schliersee, am Westufer unterhalb der Westerbergstraße zwischen Campingplatz und Rixneralm, 83727 Schliersee

Sonne trifft See

7 Die BeachBar Kleines Seehaus

Manchmal kann man das Glück des Augenblicks kaum fassen. Leise schwebt stimmungsvolle Reggae-Musik über die Wiese und hinaus an den weichen Sandstrand, auf dem gemütliche Liegestühle bunte Farbkleckse bilden. Sanft schillern Sonnenstrahlen auf dem fast unbewegt ruhigen Wasser und regelmäßig verirrt sich der Blick zu den Enten, die gemütlich ihre Bahnen ziehen und so für kurze Zeit eine Spur hinterlassen. Staunen ist genauso wichtig für das Wohlbefinden wie Freude und Zufriedenheit. Zugegeben, an diesem Glücksort muss man die richtige Zeit erwischen, um diese Szene staunend zu erleben, gibt es doch gerade an sonnigen Tagen viel Action mit köstlichen Glücksmomenten für Groß und Klein. Umgeben von Wasser liegt das Kleine Seehaus auf einer Landzunge, die wie eine Insel in den See ragt. Ein Ort, der dafür prädestiniert ist, um hier bei den entsprechenden Temperaturen eine Abkühlung zu genießen und saphirblaues Wasser in all seinen Facetten zu erleben.

Es ist die Mischung aus Atmosphäre, netten Menschen sowie coolem Essen und ganz sicher auch das unkonventionelle Ambiente, das diesen Ort so besonders macht. Lustige Schilder weisen den Weg, auch wenn man vielleicht das Ziel noch gar nicht kannte. Gemeinsam mit leckeren Kleinigkeiten von Thai Bowl bis Salat, Pommes oder Currywurst von der Selbstbedienungstheke geht es direkt in ein kleines Urlaubsparadies. Ob am Biertisch, im Liegestuhl oder auf dem hölzernen Steg. Aussichtsreich mit wunderschönem Blick auf die Alpenkette klingt der Tag hier langsam aus. Die Sonne ist bereits untergegangen und über dem apricotfarbenen Streifen am Horizont funkelt der Abendstern. Der Himmel ist eingehüllt in ein Licht, das keinen Namen hat. Klar, durchsichtig, leuchtend, geheimnisvoll. Noch nicht Nacht, aber auch nicht mehr Tag. Könnte man Farben atmen, wäre jetzt der perfekte Zeitpunkt einen tiefen Atemzug zu nehmen und einfach nur zu staunen.

TIPP
Wer hier einkehren möchte, sollte Bargeld dabeihaben.

● BeachBar Kleines Seehaus, Buchscharnstraße 11, 82541 Münsing
www.kleines-seehaus.de
● ÖPNV: Bus 373, Haltestelle Pischetsried, Badestelle

ROUTE
66
Come in
WE'RE
OPEN

Naturidyll für Genießer

8 Der Heiglweiher bei Haimhausen

Sanft sorgen die sich durch das dunkle Blätterdach der Bäume hindurchmogelnden Sonnenstrahlen für ein ruhiges Wechselspiel aus Licht und Schatten. Nur wenige Schritte entfernt hinter dem kleinen Parkplatz öffnet sich der Wald und gibt eine Mischung aus grüner Wiese, edlen graubeigen Stegplanken und sanft schimmernden Sonnenstrahlen auf glitzerndem Wasser frei. Völlig unbeeindruckt vom Rest der Welt stolziert am östlichen Ufer ein Reiher durch den wassernahen Schilfgürtel, an dem sich gelbe Seerosen heimisch fühlen. Durch eine Halbinsel begrenzte Buchten bieten Fischen wie Karpfen, Rotfeder und Zander Rückzugsmöglichkeiten und Laichplätze.

Ein mit schmalen Wegen durchzogener Mischwaldgürtel schirmt den kleinen See geradezu paradiesisch vom Alltag ab. Durchzogen von Kanälen und der gemütlich dahinplätschernden Amper ist das Gebiet ein Eldorado für Naturliebhaber. Kleine Wassernixen und Klabautermänner amüsieren sich am flach abfallenden schmalen Strand im Süden. Breiter mutet die grüne Liegewiese am Westufer an. Hohe Bäume spenden kühlenden Schatten und lassen bei einem entspannten Blick nach oben die Gedanken in den Baumwipfeln umherstreifen. Wie auch auf der gegenüberliegenden Uferseite ragen warme Holzplanken weit in den See hinein. Sie laden ebenso zum Picknicken im Sonnenuntergang ein wie zu einem gewagten Sprung ins kühle Nass. Wobei kühl es nicht ganz trifft, da der Heiglweiher aufgrund seiner geringen Größe eine eher überdurchschnittlich hohe Wassertemperatur aufweist. Gerade mal 210 Meter lang, 135 Meter breit und höchstens 4 Meter tief ist das blau schimmernde Gewässer, an dem das süße Nichtstun eine wunderschöne Form der Selbstfürsorge ist.

Gut versteckt und nicht auf dem Radar der bekannten Seen liegt dieses kleine Paradies im Norden Münchens zwischen Haimhausen und Ampermoching. Weitab vom Schuss und daher gerne als Geheimtipp betitelt.

TIPP

Fotografen kommen hier zu jeder Jahreszeit auf ihre Kosten.

- Heiglweiher, 85778 Haimhausen
- ÖPNV: S2, Haltestelle Hebertshausen, dann Bus 725, 693, Haltestelle Ottershausen, Maibaum, ca. 15 Min. Fußweg

Blauer Seelenplatz

9 Das Kloster Seeon

Fast vollständig umgeben von indigoblauem Wasser liegt die Anlage wie eine kleine Inseloase der Ruhe inmitten des Seeoner Sees. Größtenteils ist es die besondere Lage im Naturschutzgebiet, die den einzigartigen Reiz des ehemaligen Benediktinierklosters mit seinen romanischen, gotischen und barocken Elementen ausmacht. Ruhe und Entspannung, einfach mal den Stecker ziehen und die Außenwelt abschalten. Wo sonst könnte man diesen Luxus besser finden als hinter trutzigen, alten Klostermauern? Dabei muss es nicht zwingend eine Übernachtung oder ein Yoga-Wochenende sein. Eine verlockende Klosterseerunde bietet alles, was zum Abschalten nötig ist: Orte zum Verweilen in zauberhafter Natur mit himmlischem Klosterblick. Leise raschelt im Uferschilf der Wind und bewegt behutsam die zwischen den Seerosen dümpelnden Enten. Zwischen Kunst und Kultur lässt es sich hier lustwandeln, um in regelmäßigen Abständen den malerischen Ausblick bis in die Chiemgauer Alpenkette am Horizont zu bewundern.

Gegründet im Jahr 994 von Pfalzgraf Aribo I. und größtenteils im 11. und 12. Jahrhundert erbaut, hat sich die fast zwei Hektar große Halbinsel zu einem ruhigen Schmuckstück gemausert. Bis zur Säkularisation war das Benediktinerkloster Seeon ein Ort der Gelehrsamkeit und der Kultur. Heute haben sich die 89 bescheidenen Mönchszellen in moderne Zimmer verwandelt, die sich mit See- oder Innenhofblick wunderbar eignen, um ein paar Stunden nur sich selbst zu spüren. Als Location für Tagungen, Events oder Hochzeiten bietet das historische Ensemble eine lebendige Atmosphäre. Beeindruckende Renaissance-Fresken in der mit ihren Zwiebeltürmen markanten Klosterkirche St. Lambert, der meisterhaft renovierte Kreuzgang, Nebenkirche St. Walburgis oder die Abtskapelle St. Nikolaus bilden gemeinsam einen Ort zum Innenhalten und Ankommen. Für das leibliche Wohl sorgt die Klostergaststätte nach benediktinischer Tradition sowohl drinnen als auch auf der sonnigen Terrasse.

TIPP

Von Mozarts Besuchen zeugt die imposante Stieleiche. Noch heute ist sie ein wunderbarer Ort der Inspiration.

- Kloster Seeon, Klosterweg 1, 83370 Seeon, www.kloster-seeon.de
- ÖPNV: Bus 9438, 9480, 9522, Haltestelle Seeon Kloster

Kneippen auf der Alm

10

Auszeit am Brauneck

Langsam färbt die aufgehende Sonne alle umliegenden Berggipfel in sanfte Rottöne, leise zwitschern die Vögel und sogar die ersten Insekten sind bereits wach. Es ist diese magische Atmosphäre. Munter bimmeln die Kuhglocken auf einer offensichtlich köstlichen Alm mitten im Wandergebiet hoch über dem Isartal. Ganz langsam erwacht der Tag auf der Stie-Alm auf dem Brauneck. Untertags wuseln hier Wanderer auf der großen Sonnenterrasse umher und lassen sich Kaiserschmarrn und frische Buttermilch schmecken, um frisch mit Energie gestärkt den nächsten Weg zu erwandern. Es spielt keine Rolle, aus welcher Richtung man die Almwirtschaft unterhalb des Latschenkopf-Gipfels erreicht hat. Erstaunt und verwundert schaut fast jeder auf die kleine Herz-Jesu-Kapelle mit genussvoll duftendem Kräutergarten sowie den hauseigenen Kneipp-Parcours. Wärmende Sonnenstrahlen fluten diesen Sehnsuchtsort, der sich nur ohne Schuhe richtig wahrnehmen lässt. Quietschend öffnet sich das hölzerne Gatter und gibt den Weg frei zu erfrischend kühlem Berg-Quellwasser im blauen Kneippbecken. Wer jetzt neugierig bleibt, nimmt den kurzen Rundweg über schuppige Fichtenzapfen, glatte Kiesel, erdige Rinde, balancierend auf morschen Holzstämmen und durch leicht feuchtes Gras gespickt mit bunt blühenden Wildblumen. Leise rauscht der Wind in den Wipfeln der mittig stehenden Tanne. Es ist ein Gefühl unendlicher Freiheit, das sich tief in einem ausbreitet.
Glücksgeflutet geht es zurück zur Hütte, um den ersten Kaffee des Tages mit Blick in die faszinierende Bergwelt des Karwendels zu genießen. Zugegeben, für ein solches Erlebnis heißt es entweder sehr früh aufstehen, um die gut 800 Höhenmeter aus dem Tal vor Tagesanbruch zu bewältigen, oder eine Nacht inmitten der imposanten Steinriesen erleben. Eingekuschelt in einem gemütlichen Hüttenzimmer, weit über dem Alltag, sind die Sterne zum Greifen nah. Wenn dann morgens die ersten warmen Sonnenstrahlen über die Almwiesen streichen und dabei Tautropfen in zauberhaft schillernde kleine Regenbogen verwandeln, lässt sich die Ruhe geradezu greifen und man fühlt wärmende Glücksmomente.

- Stie-Alm, Latschenkopf 5, 83658 Lenggries-Brauneck, Tel. (0 80 42) 23 36
www.stie-alm.de
- ÖPNV: BRB RB56, Bahnhof Lenggries, dann Bus 9564, 9595, Haltestelle Brauneck, von dort mit der Bergbahn zur Alm

Weltlängste Burg

11 Über Burghausen an der Salzach

Beeindruckend, wie sich die längste Burg der Welt stolz über der alten Herzogstadt erhebt. Schon von Weitem erblickt man ihre imposanten Türme und Mauern, die wie aus einer anderen Zeit zu stammen scheinen. Die bayerische „Salzachperle" Burghausen mit ihrer denkmalgeschützten Altstadt ist ein malerisches Juwel, mit engen Gassen und charmanten Häusern. Jeder Schritt durch die gepflasterten Straßen ist eine Reise in die Vergangenheit. Der Stadtplatz mit seinen idyllischen Biergärten lädt als eine der schönsten Platzanlagen Mitteleuropas zum Verweilen und Genießen ein. Historische Bauten machen die Fußgängerzone zu einer gemütlichen Flaniermeile. Die salzige Historie der Stadt ist spürbar, während man durch die alten Gemäuer spaziert und die Geschichten vergangener Tage zu hören scheint.

TIPP
1000 Jahre vergehen in 90 Minuten bei einem geführten geschichtlichen Bummel durch die sechs Burghöfe.

Majestätisch thront die Burg zu Burghausen in ihrer beeindruckenden Länge von genau 1051 Metern mit ihren trutzigen Mauern über der Stadt. Sie ist ein malerisches Fest für die Sinne, erste Station bewussten Entschleunigens und der Begegnung mit einer über 1000-jährigen Kulturgeschichte: Scheinbar ohne Ende ziehen sich die Mauern, Zinnen, Türme und Kapellen über eine schmale Bergzunge, eingebettet zwischen dem Naturparadies Wöhrsee und der alpin glitzernden Salzach. Von oben ist schnell zu sehen: Nicht nur das einzigartige Ensemble aus Museen, Ausstellungen und Festen in den historischen Mauern, sondern auch die Umgebung Burghausens ist von bezaubernder Schönheit.
Eine gänzlich andere, jedoch nicht weniger beeindruckende Perspektive bietet eine romantische Plättenfahrt in der Stadt. Im Mittelalter brachten Salzkähne das „weiße Gold" über die Salzach von Salzburg nach Burghausen. Heute dienen diese Plätten eher der Gaudi und die Fahrten werden häufig mit Musik oder Theaterstücken kombiniert. Doch die Atmosphäre hat nichts an Reiz verloren: Das sanfte Plätschern des Wassers, der Duft der blühenden Uferpflanzen und der Blick auf die prachtvolle Burg mit all ihren schaurig-schönen Spukgeschichten erwecken unwiderstehliche Glücksgefühle.

● Burg zu Burghausen, Burg 48, 84489 Burghausen, www.burg-burghausen.de

Historisch-modern

12 Übernachten im Wasserturm zu Pirach

Es ist angebracht, den Kopf weit in den Nacken zu legen, um den Riesen silbrig glänzend in seiner vollen Höhe ausmachen zu können. Immerhin stolze 28 Meter ragt die zylindrische Silhouette des ehemaligen Wasserturms in den Himmel und prägt so die hügelige Landschaft des bayerischen Alpenvorlands. Wo früher rund 250.000 Liter frisches Wasser für die Versorgung der umliegenden Dörfer Platz hatte, ist heute eine zauberhafte Ideenschmiede für wahre Genießer entstanden. Wie zu seinen Bauzeiten in den späten 1950er-Jahren überragt die stahlblechvertäfelte Konstruktion den kleinen Weiler Pirach zwischen Chiemsee und Waginer See. Dabei sind die einzelnen Paneele so angebracht, dass die Fassade einen dynamischen, sich in den Himmel windenden Eindruck erhält. Ein faszinierendes Spiel aus Licht und Schatten verleiht allem eine weithin sichtbare Leichtigkeit.
Das Innere des Industriedenkmals wurde komplett entkernt und auch hier windet sich etwas nach oben. Eine beeindruckend massive Treppe führt hinauf ins Ferienappartement „Schorsch“. Platz für bis zu vier Personen bietet das liebevoll eingerichtete und nach dem Seniorchef benannte Domizil auf Zeit. Das Beeindruckendste aber ist die riesige Glasfront, durch die man über den landwirtschaftlich geprägten Chiemgau bis auf die Alpenkette blickt. Hier bietet es sich an, gemütlich in einer der samtigen Sitzgelegenheiten Platz nehmen und einfach nur den Sonnenuntergang in all seinen Farbfacetten zu erleben. Da fällt es fast schwer sich aufzuraffen und die perfekt ausgestattete Küche zu nutzen. Ein genaues Hinschauen macht unbedingt Sinn, denn mit viel Liebe zum Detail wurden Überbleibsel der Vergangenheit integriert, die immer wieder auf die Historie des Gebäudes aufmerksam machen. Geschickt sind die Rundungen in Schlafzimmer, Küche und Bad integriert und auch der großzügige Wohnbereich, den ein kubusartiger Anbau aus Lärchenholz erweitert, passen sich optisch wunderbar an. Wer das Besondere sucht, hat hier im Wasserturm alles gefunden, was für eine außergewöhnlich blaue Nacht nötig ist.

- Wasserturm, Pirach 11, 83308 Trostberg, www.wasserturm-pirach.de
- ÖPNV: Bus 9434, Haltestelle Pirach

Rosen für Königskinder

13 Die Roseninsel im Starnberger See

Lautlos legt der hölzerne Kahn ab, um ohne jegliche Anstrengung den gerade mal 200 Meter langen Wasserweg über den Starnberger See zu einem kleinen Eiland zu überwinden. Es ist der Ort, an dem sich die österreichische Kaiserin Elisabeth immer wieder gerne mit ihrem Cousin König Ludwig II. traf: die Roseninsel. Sein Vater, Maximilian II., ließ Hunderte mystisch duftender Rosen auf dem einzigen Festland im See pflanzen. Noch heute ist die einzige Möglichkeit, auf die Insel mit ihren versunkenen Geheimnissen zu gelangen, die hölzerne Fähre. Eine sagenhafte Unterwasserwelt mit Spuren, die bis in die keltische Vergangenheit reichen, ist ebenso faszinierend wie die tief im luftverschlossenen Schlamm konservierten Pfahlbauten, die zum UNESCO-Welterbe zählen. Ob sich das Königshaus der Wittelsbacher 1850 bewusst war, auf welch besonderer Kultstätte sie dank des Potsdamer Gartenbaudirektors Peter Joseph Lenné das sogenannte Casino und die bezaubernden Rosenrondelle anlegen ließ? 1970 erwarb der Freistaat Bayern die seit dem Tod Ludwig II. verwahrloste Insel. Seither hat sie ihre ursprüngliche Strahlkraft und damit ihre Besucher zurückerhalten.

Rund um eine etwa 5,50 Meter hohe weiß-blaue Glassäule samt vergoldeter Figur verwandelt ein duftendes Farbspiel unzähliger Rosen die Insel in einen traumhaften Ort der Glückseligkeit. Überall auf der Wasseroberfläche und zwischen Bäumen tauchen Lichtreflexe wie glitzernde Perlen auf. Sie laden zu achtsamen Pausen ein in einer der kleinen Buchten oder zu einer Führung durch den für König Maximilian im pompejanischen Stil erbauten Ort des Rückzugs.

Zurück an Land. Der See, inzwischen in Starnberger See umbenannt, eignet sich perfekt, um einen historischen Streifzug zwischen Pomp, Prunk und paradoxen Plätzen zu beginnen. Am Sisi Museum führt der Elisabethweg vorbei an Schloss Possenhofen über die Wolfsschlucht bis zur Fähranlegestelle der Roseninsel. „Ein ewig Rätsel“ wollte er bleiben und das ist dem Märchenkönig auch gelungen. Auf seinen Spuren wandelt eine regelmäßige Führung von Starnberg bis zum traurigen Ort seines Ablebens an der Votivkapelle.

- Roseninsel, Starnberger See, www.schloesser.bayern.de
- ÖPNV: S6, Haltestelle Feldafing, dann etwa 2 km Fußweg über den Elisabethweg durch Feldafing

Schlafen mit Seeblick

14 Die Hütte am Wössener See

Romantisch, fast verschlafen liegt die kleine Hütte direkt am idyllischen Wössener See. Während der frisch aufgebrühte Kaffee heiß in der Tasse dampft und mit seinem Geruch alle Sinne in den Tag schickt, glüht rot, von der Morgensonne verwöhnt, die Chiemgauer Hochplatte mit ihren 1587 Metern über der Wasseroberfläche. Leise schnatternd watschelt Familie Ente unterhalb der großzügigen Holzterrasse vorbei, auf der gerade der frisch angelieferte Frühstückskorb ausgepackt wird. Die Lage bietet optimale Voraussetzungen für einen erlebnisreichen und zugleich erholsamen Urlaub. Abseits des Luftkurortes Unterwössen liegt, hinter einem kleinen Höhenrücken, der künstlich angestaute Wössener See. Was ursprünglich als Hochwasserrückhaltebecken aus dem Hacklauer Talkessel gebaut wurde, ist heute ein Badesee und damit Naherholungsgebiet mit hervorragender Wasserqualität. Eine morgendliche Joggingrunde bietet er eher nicht, denn bei gerade mal 800 Metern Umfang lohnt es sich kaum, die Laufschuhe anzuziehen. Vielmehr ist es die Ruhe, die hier verzaubert. Im Rücken den massiven Hochgern, der sich ebenso als Wandergebiet eignet wie der Jochberg oder der Höhenweg nach Marquartstein. Winter wie Sommer bietet die nahe gelegene Winkelmoos Alm eine wunderbare Umgebung für eine Vielfalt an Aktivitäten. So facettenreich der Chiemgau ist, die schönsten Betätigungsmöglichkeiten liegen hier an der 2021 neu renovierten Fischerhütte, direkt vor der hauseigenen Terrasse. Zurück von spannenden Tageserlebnissen bietet die kleine Küche alles, um ein kulinarisches Highlight zu zaubern. Alternativ verwöhnt das Seestüberl wenige Fußminuten entfernt mit verschiedenen Speisen und Getränken. Vorausgesetzt, man möchte das eigene Refugium mit einzigartigem Bergblick, bestens gefülltem Weinkühlschrank und gemütlicher Einrichtung tatsächlich noch einmal verlassen. Es sind die ersten Sonnenstrahlen und auch die letzten, die zu ein paar kräftigen Zügen im kühlen Nass locken. Hier lässt es sich aushalten und einfach eine ganz persönliche See-Auszeit genießen.

● Ferienhütte am See, Hacklau 4, 83246 Unterwössen, Tel. (01 71) 6 16 84 04
www.ferienhuetteamsee.de

Südtirol in Oberbayern

15 „Buschenschank“ an der Rossschwemme am Wörthsee

Das Glück – so sagt man – soll man nicht suchen. Doch gefunden werden will es allemal. Sanft plätschern kleine Wellen und verlanden im mystischen Anthrazit der groben Kiesel direkt vor dem schier heldenhaften Grün der großen Liegewiese.

Zugegeben, der Wörthsee ist so beliebt, dass man ihn bestimmt nicht für sich alleine haben wird. Doch gerade in den frühen Morgenstunden, wenn vorwitzig die ersten Sonnenstrahlen glitzernde Streifen auf die Wasseroberfläche malen, lohnt es sich schwimmend in den neuen Tag zu starten. Ein bisschen später gesellen sich in der flach ins Wasser abfallenden Bucht gerne Familien und entspannte Wassersportler dazu. Kein Wunder, wo sonst findet man an einem oberbayerischen See Südtiroler Köstlichkeiten im Seekiosk? Ob Schlutzkrapfen, Kaspressknödel oder die Spezialität der Südtiroler Wirtin, selbst gemachte Schrauben. Auch klassische Pommes und Co. werden angeboten. Gemütlich sitzen lässt es sich auf der Sonnenterrasse unmittelbar an der mintgrünen Bretterfassade mit dem dominant präsenten Südtiroler Wappen.

Neben dem großen Spielplatz, der die Rossschwemme zu einem großartigen Ausflugsziel für Kinder macht, lassen sich SUPs für eine gemütliche Wasserrunde ausleihen. Intellektuelle Momente gibt's kostenfrei an der Bücherbox. Der Parkplatz ist nur wenige Schritte entfernt, sodass auch das eigene Wassergefährt komplikationslos ins kühle Nass transportiert werden kann. Dieser Ort ist einfach herrlich, um zu genießen und frische Energie zu sammeln.

Ein bisschen körperliche Betätigung gefällig? Dann lohnt sich die 13 Kilometer lange Wörthsee-Umrundung. An der Rossschwemme startet man auf dem Skulpturenweg, der das Ufer von Walchstadt bis zur Seepromenade in Steinebach säumt. Ein Highlight der gesamten Tour ist das Stück durch das Bacherner Moos an der südlichen Spitze.

- Seekiosk Rossschwemme, Vordere Seestraße 61, 82237 Wörthsee
- ÖPNV: Bus 928V, Haltestelle Walchstadt, Osterholzweg

Hochgenuss für alle Sinne

16 Das Buchheim Museum in Bernried

Wenn Fantasie kreative Vorstellungskraft und Träumereien sind, dann lässt sich im Buchheim Museum die Magie der Fantasie inspirierend erforschen. Blau schimmert der See zwischen blühenden Wiesen und zwei vornehm in Lehmorange leuchtenden, meterhohen Giraffen. Sanft schlängelt sich der Weg den bunten Hügel hinab. Vorbei an einem Militärhubschrauber, der mit viel Farbe von Street-Art-Künstlern zu einem schrillen Kunstobjekt umgestaltet wurde, einem Seiltänzer, der über den Köpfen der Besucher schwebt, und mancherlei spannenden Skulpturen bis auf die eher schlicht anmutende Terrasse vor dem Buchheim Museum.

Beton und Glas, die Form einem Schiff nachempfunden, beruhigen alle Sinne und machen Lust darauf, auf dem 12 Meter langen Aussichtssteg das Gefühl von Freiheit über dem Starnberger See zu genießen. Mit diesem Gebäudekomplex erschuf der renommierte Architekt Günter Behnisch, der auch das Münchner Olympiastadion entworfen hat, einen Ort, an dem der exzentrische Maler, Autor und leidenschaftliche Sammler Lothar-Günther Buchheim seine expressionistischen Gemälde der Öffentlichkeit präsentieren kann. Auch wenn die Realisierung des Museumsprojekts einige Schwierigkeiten meistern musste, der gewählte Ort nördlich von Bernried und südlich des Höhenrieder Parks verzaubert allein schon dank des Ausblicks.

Taucht man ein in das Innenleben des Museums, verzücken den Besucher unterschiedliche Sammlungen von Gemälden, Zeichnungen und Aquarellen sowie kunstvoll gedruckte Grafiken bis hin zu Kunstwerken aus aller Welt. Wechselnde Ausstellungen und ein reger Zuwachs auf den äußeren Wiesen ergänzen das fantastische Programm. Ganz beseelt von Farben, Formen und Eindrücken bietet das Café im Haus die nötige Muße, um das gerade Entdeckte zu speichern.

- Buchheim Museum der Fantasie, Am Hirschgarten 1, 82347 Bernried, Tel. (0 81 58) 99 70 55, www.buchheimmuseum.de
- ÖPNV: RB66, Bahnhof Bernried, ca. 20 Min. Fußweg

Drei auf einen Streich

17 Im Naturschutzgebiet der Drei-Seen-Region

Fast wie eine andere Welt muten die drei Seen – nimmt man es genau, sind es mit dem kleinen Förchensee sogar vier – zwischen Ruhpolding und Reit im Winkl an. Aufgereiht wie an einer Perlenschnur tupft das Naturidyll Seen in eine magische Berglandschaft. Gerade im Oktober, wenn die Blätter in den buntesten Herbstfarben flammend leuchten, wird deutlich, warum die Region liebevoll „Klein Kanada" genannt wird. Direkt an der Deutschen Alpenstraße, durchflutet von einem puren Glücksgefühl mitten im Indian Summer, kann man hier auf einem anderen Kontinent stehen.
Wie auch immer die Wetterprognose ist, hier zwischen Löden-, Mitter- und Weitsee bietet jedes Wetter genussvolle Augenblicke. Sanft wabern lichte Nebelschwaden über das herbstlich bunte Laub und verleihen der Szene einen feenhaften Anstrich. Eine willkommene Abkühlung halten die weitläufige Badestelle am Lödersee oder der bekleidungsfreie Bereich am hinteren Weitsee im Sommer bereit. Im Naturparadies von Bayerisch-Kanada finden sich ideale Voraussetzungen für ein außergewöhnliches Schwimmvergnügen bei bester Trinkwasserqualität. Etwas oberhalb des Ufers führt der beliebte Chiemgau-Radweg durch das schmale Tal und verführt regelmäßig ambitionierte Radler dazu, hier eine Pause einzulegen. Die atemberaubende Schönheit der teils glasklaren Seen lässt sich auch auf Schusters Rappen bei einem knapp 6 Kilometer langen und für Kinderwagen geeigneten Rundweg um den Mittersee genießen. Ausgangspunkt und Endpunkt der zweistündigen Wanderung ist die Haltestelle Badeplatz am Weitsee. Fast unmöglich ist es zu sagen, welches der Schönste der drei, im Naturschutzgebiet befindlichen Seen ist, und auch auf eine perfekte Jahreszeit lässt sich der Glücksort nicht festlegen.
Für eine kulinarische Pause steht hoffentlich der gepackte Rucksack parat. Außer im Winter, wenn die Langläufer und Skater über die Loipe entlang der Seen jagen, gibt es keinen Kiosk. Einzig bei eisigen Temperaturen ist die Mittersee-Hütte bewirtschaftet.

- Löden-, Mitter- und Weitsee, zwischen Ruhpolding und Reit im Winkl
- ÖPNV: Bus 9505, Haltestelle Reit im Winkl, dann Bus 9506 oder Wanderbus bis Weitsee

Steinerne Zeitzeugen

18 Die Altmühlbrücke von Pfünz

Fast trotzig steht die solide Brücke in der sanften Strömung der Altmühl und dokumentiert als beeindruckendes Zeugnis mittelalterlicher Baukunst ihre Haltbarkeit. Aus dem 15. Jahrhundert stammend, gehört sie zu den ältesten noch erhaltenen steinernen Brücken Deutschlands. Massive Steinquader, die mit großer Präzision aufeinandergesetzt wurden, bilden meterdicke Pfeiler, die an ihren Stirnenden keilförmig zulaufen und von vier geschwungenen Bögen überspannt sind. Die Mauerbrücke über die Altmühl ist nicht nur ein Symbol für die handwerkliche Fähigkeit der mittelalterlichen Baumeister, sondern auch ein wichtiges Kulturgut, das seine Bedeutung bis heute bewahrt hat. Liebevoll von den Einheimischen „Römerbrücke" betitelt, lässt sich der Name wahrscheinlich auf ein nahe gelegenes Römerbad zurückführen. Immerhin nur gut 10 Kilometer entfernt, zeugen der ehemalige Limes ebenso wie die Überreste der Villa Rustica vom Einfluss der Südländer auf diese Region.

TIPP

Im Historienstreifen „Die Hebamme" wurde die Brücke zum Drehort.

Ob durch Sprengung zerstört oder demoliert, als Beobachtungsposten oder um Wegzoll einzufordern genutzt – die Brücke hat eine bewegte Geschichte. Dank einer aufwendigen Sanierung im Jahr 2020 strahlt sie noch immer den Charme und die Eleganz vergangener Zeiten aus. Ein Hauch Bella Italia weht sanft über die Auenlandschaft, durch die man die Blicke schweifen lassen kann, während Fußgänger und Radfahrer die Brücke queren. Leise surren Libellen und Hummeln auf der Suche nach Nektar durch das dicht bewachsene Ufer, für das historische Bauwerk haben sie keinen Blick. Besucher, die während einer Radtour oder Wanderung eine kleine Pause auf der Bank einlegen möchten, umso mehr. Ein bisschen fühlt es sich an wie in der Toskana. Sandsteinfarbene Passagen überspannen fast verspielt kleine Flüsse und bilden so ein Eldorado für Mensch und Natur. Interessante Fragen schwirren durch den Kopf, genießt man ein bisschen Urlaub für die Augen beim inspirierenden Brückenblick inmitten von Blätterrauschen und Vogelgezwitscher.

- Steinerne Altmühlbrücke (direkt am Altmühl-Radweg), 85137 Walting-Pfünz
- ÖPNV: Bus 9232, Haltestelle Pfünz, Eichstätter Straße

Von Gletschern geformt

19 Die Eggstätter Seenplatte

Wie glitzernde Perlen funkeln die 17 Seen und Mooraugen zwischen feuchten Wiesen, ruhigen Wäldern und zwei sanften Moränenausläufern. Zu verdanken hat diese zauberhafte Region ihre Entstehung dem Abschmelzen der Gletscher, die während der Würmeiszeit vom Inntal bis weit in den Chiemgau reichten. Gesteinswälle und Eisblöcke formten geheimnisvolle Gletscherseen. Noch heute zeugen grundwassergespeiste Toteislöcher ohne oberirdischen Zufluss von der Macht der Eisschilde. Hier in Bayerns ältestem Naturschutzgebiet finden gefährdete Tier- und Pflanzenarten einen Ort der Ruhe, wo sie ungestört gedeihen können. Die Biotopverbundachse zwischen Eggstätter Seenplatte und den Seeoner Seen fördert den Austausch bedrohter Natur und erhält so die Artenvielfalt beider Schutzgebiete. Viele Vogelarten, Eidechsen und Libellen wie die Zierliche Moosjungfer kommen nur noch in dieser einzigartigen Eiszerfallslandschaft des bayerischen Alpenvorlandes vor.

Im Randbereich des Schutzgebietes zeugt eine sorgfältig gepflegte Kulturlandschaft vom harmonischen Miteinander von Mensch und Natur. Schon früh haben die ersten „Sommerfrischler" den Reiz des Ortes nur wenige Kilometer nordwestlich des Chiemsees für ruhige Auszeiten entdeckt. Schatten spendende lichte Wälder, ausgewiesene Badestellen und vielfältige Vegetation sorgen für puren Genuss. Bänke laden an himmlisch anmutenden Uferabschnitten zu kleinen Verschnaufpausen ein. Unzählige Möglichkeiten, das Gebiet zu durchstreifen, bieten ruhige Wander- und Radwege. Besonders empfehlenswert ist die 6 Kilometer lange Umrundung des Hartsees, dem mit bis zu 40 Metern tiefsten der Eggstätter Seen. Abwechslungsreich geht es zwischen sanft im Wind rauschendem Schilf über Stege auf nassem Mooruntergrund, durch Schatten spendende Waldabschnitte und direkt am Ufergelände eben durch faszinierende Natur. Am Ende des Weges bietet das Freibadgelände den perfekten Ort für ein paar Züge im kühlen Nass.

- Eggstätter Seenplatte, 83125 Eggstätt
- Freibad Eggstätt, Lehrer-Hager-Straße 6, 83125 Eggstätt
- ÖPNV: Bus 9511, Haltestelle Eggstätt, Kirche, ca. 15 Min. Fußweg

Hotspot der Biodiversität

20 Die Biberplattform im Schambachtal bei Kipfenberg

Malerisch thront über den verwinkelten Gassen von Kipfenberg eine mittelalterliche Burg mit Blick auf die Altmühl, die sich gemächlich durch das Tal schlängelt. Hier befindet sich der geografische Mittelpunkt Bayerns und die sehenswerte Gungoldinger Wachholderheide. Ein herrliches Landschaftsschutzgebiet mit einer beeindruckenden Pflanzenwelt. Neben Wachholderbüschen wachsen wilde Rosen, Schlehen und Weißdorn in einer Wohngemeinschaft auf steppenähnlichem Trockenrasen. Durchzogen von Wanderwegen, lässt einen diese artenreiche Region mit ihren prachtvollen Polstern der Felsennelke oder dem seltenen Gefaserten Enzian nach stressigen Tagen zur Ruhe kommen.
Unweit der trockenen Heide mündet bei Arnsberg das kleine Flüsschen Schambach nach nur 4 Kilometern Reise in die Altmühl. Landschaftlich reizvoll bildet es so ein ruhiges Seitental, das mit seinen zu erwandernden Highlights verzaubert. Ob Drei-Täler-Tour oder kurze Wege im Schambachtal, die Biberplattform lohnt einen entspannten Abstecher. Inmitten von edelmütigem Patinagrün lässt sich ein Moment der Ruhe und Entspannung genießen. Hier gibt es nichts, was die Aufmerksamkeit vom Wesentlichen ablenkt. Ein kleines Eldorado hat der Bund Naturschutz direkt am sanft durch die Wiesen mäandernden Flüsschen gepachtet. Seltene Schmetterlinge wie der Storchenschnabelbläuling und der Randringperlmutfalter haben hier ebenso in den Feuchtwiesen ein Zuhause gefunden wie verschiedene Orchideenarten und – Familie Biber. Mitten in ihrem Revier steht recht unscheinbar eine hölzerne Lärchenplattform. Hier formen und gestalten die nachtaktiven Burgen- und Dammbauer ihren Lebensraum und verändern so unablässig die Feuchtgebiete rund um die Schambach. Dank der Biber ist hier zwischen den steilen Hängen des Tals ein „Hotspot der Biodiversität“ oder anders ausgedrückt ein Gebiet mit hoher ökologischer Qualität entstanden. Überall summt es zwischen blühend bunter Fauna. Hört man genau hin, lässt sich das Zirpen der Maulwurfsgrille schabend vernehmen. Ein Glücksort, an dem Blau zu genussvoll-grünem Digital Detox wird.

TIPP

Nahe Kipfenberg spiegelt sich blaues Glück auch im Grünen Topf (Glücksort 58).

- Biberplattform im Schambachtal, 85110 Kipfenberg
- ÖPNV: Bus 9223, 9236, Haltestelle Gasthof zur Linde, ca. 15 Min. Fußweg

Coole Entspannung

21 Das Café Gans am Wasser im Westpark

Stimmungsvoll wirft die Abendsonne ihre letzten Strahlen aufs Wasser und taucht den kleinen See in flüssiges Gold. Sanft weht ein bisschen Hippie-Flair gepaart mit romantischer Urlaubsstimmung durch den Westpark. Zu jeder Jahreszeit mischt sich hier das Geräusch klirrender Bierflaschen mit Livemusik von unterschiedlichen Singer-Songwritern. Das Ganze ist umhüllt von einem Lichterkettenmeer, das anmutet, als hätten sich Glühwürmchen zu einem Stelldichein versammelt. Von einem Kronleuchter flattern gelbe Saris im Wind, Discokugeln bilden große Blumen und so mancher Tisch war in seinem früheren Leben eine Nähmaschine. Verwinkelte Ecken und kleine Details, die ein Lächeln ins Gesicht zaubern, sorgen im Bauwagencafé regelmäßig für pure Glücksmomente. Nach dem Motto „Gans vom Viertel fürs Viertel" geht es unter bunten Schirmen mit lustigen Fransen unkonventionell und cool zu. Wer kommt, ist da, ohne Konsumzwang, ohne Eintritt, dafür mit einer humanen Preisgestaltung am Bauwagen. Das Gans am Wasser ist ein Ort, der verbindet.

So ist die Location für Kaffee und Kuchen mit Familie und Hund ebenso geeignet wie für das erste Date oder die gemütliche Kartenrunde. Wer Glück hat und einen Platz direkt am Ufer erwischt, der gibt ihn so schnell nicht wieder her. Hier plätschern die Füße im Wasser, eine kühle Mate, den gern mal veganen Seitan-Kebab in der Hand und chillige Vibes im Ohr. Reserviert wird nicht, was aber auch bedeutet: Es gibt keine Eintrittspreise für das regelmäßige Kulturprogramm. Ein Konzept, das seit 2016 wunderbar funktioniert und als Blauer Glücksort nicht wegzudenken ist. Kaum vorstellbar, war dieser idyllische Platz bis zur Internationalen Gartenbauausstellung 1983 eine ebene Brachfläche. Heute mutet der Westpark wie eine typisch bayerische Voralpenlandschaft – mit Hügeln, Tälern und zwei Seen – mitten in München an.

TIPP

In der kalten Jahreszeit sorgt der „Winterzauber"-Weihnachtsmarkt für puren Genuss (Infos auf der Website des Cafés).

- Café Gans am Wasser, Siegenburger Straße 41, 81373 München
www.gansamwasser.de
- ÖPNV: U4, U5, S7, Haltestelle Heimeranplatz; U6, Haltestelle Partnachplatz; Bus 62, 130, N43, Haltestelle Baumgartnerstraße

Postkartenidylle

22 Gipfel-See-Blick am Riegsee

Malerisch eingebettet wie zauberhafte blaue Perlen liegen zwei Seen vor den sich auftürmenden Gipfeln der bayerischen Voralpen. Wenige Kilometer trennen sie von ihrem großen Nachbarn, dem deutlich bekannteren Staffelsee. Ruhig und gemütlich, umgeben von sanften Wiesen, glitzert zwergenhaft der Froschhauser See, während sich im weichen Licht der untergehenden Sonne der Kirchturm von Riegsee am Ostufer des gleichnamigen Sees spiegelt. Orte zum Entspannen, Schwimmen und Spazieren.

Wenn man genau hinsieht, entdeckt man das auf dem Riegsee treibende Inselchen, das sich bei heftigen Regengüssen vom Festland gelöst hat. An der Nordspitze des Sees, am Südhang der Aidlinger Höhe, steht etwa 60 Höhenmeter über dem Wasser eine kleine Kapelle auf einer Aussichtsterrasse mit einzigartiger Sicht über diese oberbayerische Postkartenidylle. Lässt man hier oben sitzend den Blick über das Blaue Land schweifen, fühlt und spürt man natürliche Inspiration. „Das Geheimnis des Glücks findet man nicht, indem man es sucht, sondern indem man die Fähigkeit entwickelt, das Wenige zu genießen“, zitiert man vielleicht Sokrates, wenn man hier nicht mehr macht, als die herrliche Landschaft auf sich wirken zu lassen.

Was im Winter oft über Wochen als zugefrorene Eisfläche Schlittschuhläufern, Eisstockschützen und Eisseglern ideale Bedingungen bietet, wärmt sich in den warmen Monaten schnell auf. Angenehme Wassertemperaturen von 18 bis 25 Grad sorgen an einem der saubersten Seen Oberbayerns für perfekte Voraussetzungen, um am, im und auf dem Wasser gemütlich Sport zu treiben. Wer auf dem Campingplatz am Riegsee logiert, hat die Berge nicht direkt vor der Tür, sondern gerade so weit weg, dass man einen herrlichen Ausblick auf die Bergkette von der Benediktenwand im Osten über Herzogstand und Heimgarten, das Estergebirge, Wettersteingebirge mit der Zugspitze bis in die Ammergauer Alpen hat.

Zur Ruhe kommen und sich treiben lassen – am Riegsee im Blauen Land warten pure Glücksmomente.

● Mesnerhauskapelle Aidling, Meßnerhausstraße 16, 82418 Aidling

Schwimmende Traumzeit

23 Bootfahren auf dem Pilsensee

Himmelhauchblau schillert das seichte Wasser. Möchte man den Pilsensee einmal durchqueren, dann ist eine Länge von 2,5 Kilometern und eine Breite von etwas weniger als 1 Kilometer zu überwinden. Mit einem passenden Gefährt kein Problem. Zu bekommen ist es direkt am Campingplatz. Eine windschiefe dunkelbraune Holzhütte ist die Basis der Bavarianwaters. Bunte SUPs liegen startklar auf der großzügigen Wiese und weiße Ruderboote dümpeln vorwitzig am Ufer. Viel mehr sportliche Aktivitäten auf dem Wasser bietet der Pilsensee allerdings nicht. Seine Lage bedeutet Windschatten, was dazu führt, dass Surfer kaum zu finden sind. Stattdessen sorgt die ruhige Wasseroberfläche für eine fast automatisch meditative Stimmung, mal romantisch zum kraftvoll glutroten Sonnenuntergang, mal gemütlich zum Spaziergang um den See. Badeplätze sind am ehemals kleinen Ableger des Ammersees eher rar: Gerade mal vier finden sich hier. Der größte Teil der Uferfläche ist als Naturschutzgebiet ausgewiesen oder meist unverbaut in Privatbesitz. Besonders im Süden bieten weiträumige Seerosenfelder und ein ins Herrschinger Moos übergehender Bereich einen geschützten Lebensraum für die vielfältige Tier- und Pflanzenwelt am See.
Interessant zu erwähnen ist vielleicht, dass sich der gesamte Pilsensee noch immer im Privatbesitz des Grafen zu Toerring-Jettenbach befindet, der oberhalb seines Gewässers das geschichtsträchtige Schloss Seefeld bewohnt. Wer es nach einem Spaziergang noch den Berg hinauf zum Schloss schafft, dem sei der Schlosshof zur Einkehr empfohlen. Neben der hauseigenen Biermarke sowie köstlichen bayerischen Spezialitäten, mit denen das Bräustüberl aufwartet, ist das Schloss auch für facettenreiche Kultur bekannt. Wird Deutschlands bestes Programmkino gesucht, dann lockt das Breitwandkino im alten Gewölbekeller.

TIPP

Etwa 1 Kilometer südlich vom Campingplatz liegt der LieblingsPlatz, ein kleiner Kiosk für den Sundowner.

● Campingplatz – Bootshaus am Pilsensee 2, 82229 Seefeld
www.bavarianwaters.com
● ÖPNV: Bus 924, 928, Haltestelle Seefeld Schloss, ca. 12 Min. Fußweg

Auf dem Holzweg

24 Moos-Rundweg bei Murnau am Staffelsee

Zart leuchtende Farben, der Duft von Gräsern und moorigem Boden, das Zwitschern der Vögel und immer im Blick die schroffen Gipfel der Berge. Ganz nah das dominante Ammergebirge, während sich die Zugspitze keck aus dem Wettersteingebirge erhebt. Sanft breitet sich davor einer der größten zusammenhängenden Moorkomplexe Mitteleuropas aus. Eine zauberhafte Mischung aus renaturierten Hochmooren, artenreichen Streuwiesen, schimmernden Quelltrichtern und kleinen Hügeln, bietet es einen einzigartigen Lebensraum für Vögel und viele andere Tiere. Leise tschilpt ein Wachtelkönig zwischen Sibirischer Schwertlilie und Zierlichem Wollgras, während am blauen Himmel fast geräuschlos Baumfalke und Feldlerche ihre Kreise ziehen.

Ihre Entstehung verdankt diese Oase der Ruhe der Würmeiszeit und dem daraus entstandenen Murnauer See. Über Jahrtausende verlandete der See zusehends und hinterließ einen Lebensraum, der sowohl für die Klimabilanz als auch für Flora und Fauna von größter Bedeutung ist. Über 1000 Pflanzen- und mehr als 1800 Tierarten, viele davon vom Aussterben bedroht, haben hier einen gesicherten Lebensraum. 700 Tonnen CO_2 kann das Feuchtgebiet pro Hektar an sich binden. Beeindruckende Informationen, die sich regelmäßig an Stationen im Moor nachlesen lassen.

Auf einer Strecke von 12 Kilometern geht es ohne nennenswerte Steigungen den Moos-Rundweg entlang. Hier trifft man neben sirrenden Zwerglibellen, verschiedenen Schneckenarten und quakenden Gelbbauchunken auch gerne mal auf eine sich sonnende Kreuzotter. Um die fragilen Filze zu schonen, führt streckenweise ein Bohlenweg über sumpfige Stellen, die umrahmt von hellen Strauchbirken ein einzigartiges Refugium bilden.

Unzählige Bänke laden zum Verweilen und Genießen ein. Die Runde bietet neben faszinierenden Einblicken in eine intakte Natur viele genussvolle Ausblicke mit Überblick. Am Ende wartet ein gemütlicher Biergarten mit köstlichem Kaiserschmarrn auf alle Auszeitgenießer.

● Moos-Rundweg, Startpunkt: Wanderparkplatz Murnauer Moos, Ramsachstraße, 82418 Murnau

Auf ans andere Ufer

25

Glücksorte rund um den Kochelsee

Die Sonne ist bereits untergegangen und über dem apricotfarbenen Streifen am Horizont funkelt flirrend der Abendstern. Der Himmel, eingehüllt in ein Licht, das keinen Namen hat. Klar, durchsichtig, leuchtend, geheimnisvoll. Noch nicht Nacht, aber auch nicht mehr Tag. Könnte man Farben atmen, jetzt wäre der perfekte Augenblick für einen tiefen Zug Dämmerungsblau. Bereits Anfang des 20. Jahrhunderts zog es die Künstlergruppe „Der Blaue Reiter" an den Kochelsee. Dabei sind es nicht nur die Leinwände, auf denen Franz Marc mystisch schöne Momente festgehalten hat, auch das ihm zu Ehren in Kochel errichtete Museum lässt seine Besucher träumen. Mehrere Hundert Jahre später lockt noch immer die malerische Landschaft der Region. Es sind die vielen zauberhaften Orte, das Licht und die ungeahnte Ruhe, die Auszeitgenießer glücklich werden lassen.

Für einen erhabenen Blick über den See empfiehlt sich ein kurzer, aber erlebnisreicher Spaziergang über den Felsenweg ab dem Walchensee-Kraftwerk ganz im Süden. In Kochel, vis-à-vis des berühmten Museums, findet sich ein direkter Seezugang. Wasservögel lassen sich hier bei einem gemütlichen Picknick beobachten. Auch die Kochelsee-Schifffahrt geht hier vor Anker. Den See als Kapitän selbst zu erkunden funktioniert ganz idyllisch per Tret- oder Ruderboot, per SUP oder ganz bequem mittels Elektroboot. Besonders fotogen und das zu jeder Jahreszeit zeigt sich die Loisach, während sie sich mit genussvollem Herzogstandblick aus dem See in Richtung München verabschiedet. Nahe Schlehdorf an der nordwestlichen Seespitze sonnt man sich auf den warmen Holzplanken eines breiten Stegs oder macht es sich in der angrenzenden Wiese bequem. Es ist einfach nicht DER eine Ort, der den Kochelsee zu etwas ganz Besonderem macht, sondern die Fülle der natürlichen Möglichkeiten.

TIPP

In der Kristall Therme in Kochel lässt es sich herrlich hoch über dem See saunieren und schwimmen.

● Kochelsee, 82431 Kochel am See

Wie im Märchen

26 Bummel durch Wasserburg am Inn

Malerisch liegt sie da, eingebettet in eine wunderschöne Innschleife wie auf einer kleinen Insel am Fuß von Steilhängen. Schon diese ungewöhnliche topografische Abgrenzung lässt Wasserburg wirken wie aus einem Märchen. Türkisfarben umspült das Wasser eine der geschichtsträchtigsten Städte Altbayerns. Gelegen an einer der wichtigsten Kreuzungen von Land- und Wasserstraßen, blühte hier der Salzhandel bis ins 19. Jahrhundert hinein und sorgte für Macht und Reichtum. Älter als das 50 Kilometer westlich gelegene München, verzaubert die lebendige Kleinstadt mit ihren pastellbunten Mauern, Erkern und Zinnen repräsentativer Bauten und einer mächtigen Burg. Gekrönt von auffallenden Türmen und historischen Gemäuern erzählt Schloss Wasserburg, auf einem Bergkamm thronend, eine faszinierende Geschichte, die in jedem Stein spürbar wird. Hier, inmitten des zeitlosen Charmes vergangener Jahrhunderte, wird man zum Entdecker und gibt sich dem Gefühl von Ehrfurcht und Erstaunen hin.

Doch nicht nur die Wasserburg selbst ist ein Magnet für Glücksuchende, auch die verwinkelten Gassen der Altstadt scheinen einem Märchenbuch entsprungen zu sein. Fachwerkhäuser mit bunten Blumenranken, gemütliche Cafés und kleine Läden laden zum Verweilen ein. Zwischen der Innbrücke, die den Weg in die Altstadt bereitet, der Frauenkirche auf dem Marktplatz, dem Rathaus mit seinen Sälen und dem Kernhaus, dessen Rokokofassade beeindruckend leuchtet, findet man Entspannung und Ruhe, während die charmanten Kopfsteinpflasterstraßen sanft unter den Füßen knirschen. Es sind die vielen Adjektive, die Wasserburg zu einem Glücksort machen. Majestätisch, romantisch, malerisch, verwinkelt, still, atemberaubend – all diese Worte können nicht annähernd beschreiben, wie es ist, diese Stadt zu erleben. Wer einen ersten Eindruck von ihrem einzigartigen Charme bekommen möchte, wählt am besten die Bank am schattigen Aussichtspunkt auf dem Kellerberg.

TIPP

Mit einem köstlichen Frühstück im Café „Die Schranne" startet der Stadtrundgang auf eine besonders genussvolle Art.

- Schloss Wasserburg, Auf der Burg 3, 83512 Wasserburg am Inn
- ÖPNV: RB48, Bahnhof Wasserburg

Grüne Eismomente

27 Fräulein Grüneis an der Eisbachwelle

Kultstatus hat das grün-weiß verschalte ehemalige Toilettenhäuschen schon lange erreicht. Mitten in München, am südlichen Ende des Englischen Gartens und einen Steinwurf entfernt vom Museum Haus der Natur, werden hier auf unkonventionelle, alternative Art eine liebevoll zubereitete Brotzeit, hausgemachter Kuchen und wechselnde Mittagsgerichte angeboten. Oft vegan, mal orientalisch, mediterran oder asiatisch, doch ganz sicher immer frisch zubereitet und lecker. Seit das Fräulein-Grüneis-Team 55 Tonnen Schutt aus dem stillgelegten Häuschen schaufelte, hat dieser zauberhafte Platz Atmosphäre. Ein paar wenige Sitz- und Stehplätze laden ein, es sich direkt an der legendären „stehenden Welle" am wohl berühmtesten Eisbach der Welt gemütlich zu machen.

Ob selbst aktiv oder als faszinierter Zuschauer: Der beliebte Surfer-Hotspot zieht alle an. Nein, wir befinden uns weder auf Hawaii noch an der portugiesischen Küste, sondern mitten in München, wo jeder mit seinem Können auf die Welle im Eisbach darf. Die Jahreszeit spielt dabei keine Rolle. Gemütlich auf der Picknickdecke sitzend mit dem köstlichen Spritz von Fräulein Grüneis oder warm eingemummelt in eine dicke Winterjacke mit Glühwein in der Hand. Es ist eine Mischung aus cooler Party und Action. Und alles im entspannten Flair einer großen Surfergemeinschaft. Ein Feeling eben doch wie auf Hawaii. Ob das ein oder andere Liebesschloss an der Brücke oberhalb des Baches wohl die Liebe zu diesem anziehenden Ort und dem athletischen Sport symbolisieren soll? So wie Blau die Leichtigkeit des Seins verkörpert, zeigt sich Surfen als pure Freiheit auf der Welle.

Fakt ist: Die azurblaue Eiswelle und der anziehende Kiosk Fräulein Grüneis sind ein großartiger Ausgangspunkt für einen Spaziergang durch das Blätterrauschen im Englischen Garten.

● Fräulein Grüneis an der Eisbachwelle, Lerchenfeldstraße 1a, 80538 München
www.fraeulein-grueneis.de
● ÖPNV: U4, Haltestelle Lehel; Bus 100,
Haltestelle Nationalmuseum/Haus der Kunst

Logenplatz für Romantiker

28 Picknick im Sonnenuntergang am Kirchsee

Es gibt Dinge, die sind so typisch blau, dass die Farbe die Bezeichnung prägte. Der Kirchsee im Tölzer Land gehört ganz sicher nicht dazu. Fast hat man den Eindruck in eine tiefdunkle Masse einzutauchen, von Wasserblau keine Spur. Das wäre aber auch wirklich verwunderlich, denn dieser Se(e)hnsuchtsort liegt eingebettet in ein lebendiges Ökosystem, das mit seinen geheimnisvollen Moorschichten seine charakteristische Wasserqualität prägt. Was einst als Überbleibsel des Eiszeitgletschers entstand, ist heute Bayerns ältestes Naturschutzgebiet.
Fasziniert von der Magie der Stille ist es herrlich, auf dem hölzernen Steg zu sitzen, ein warmes Getränk in den Händen und den Blick auf die fernen Berggipfel gerichtet. Mit kraftvollem Glutrot taucht die untergehende Sonne dieses Naturidyll in wohltuende Dämmerung. Ein Glücksort, um im Kraftfeld von Bergen, Wäldern und Wasser neue Energie zu gewinnen. Melodisch quaken die hier heimischen männlichen Seefrösche. Moorigbraun liegt er ganz still in der Abenddämmerung, der Kirchsee. Ruhige Buchten und Wiesen laden zum Verweilen und Genießen ein – wie gemacht für ein romantisches Picknick. Ein kleiner Kiosk markiert den Weg zu den ausgewiesenen Badestellen. Aufgrund der schützenswerten und trittempfindlichen Ufer- und Moorvegetation darf das Ufer außerhalb der ausgewiesenen Badestellen nicht betreten werden.

TIPP

Ob Biergartenbesuch oder klassisch bayerisches Wirtshaus, der Abstecher ins Klosterstüberl Reutberg lohnt.

Wenige Hundert Meter Luftlinie entfernt von moorigen Ausblicken thront seit dem 17. Jahrhundert das Franziskanerinnen-Kloster in idyllischer Lage auf einer Anhöhe außerhalb von Sachsenkam, umgeben von Wiesen, Feldern und Wäldern. Ein Platz, wie geschaffen für einen Biergarten, in dem man unter Schatten spendenden alten Kastanien Reutberger Bier genießen kann. Die Tradition des Bierbrauens wird hier seit 1677 gepflegt und das bei fantastischer Aussicht auf die Berge des Isarwinkels und des Karwendelgebirges.

Kirchsee, 83679 Sachsenkam

Schuhe aus!

29 Der Moorerlebnispfad um den Soiner See

Herrlich, die weiche, matschige, erdbraune Masse zwischen den Zehen zu spüren! Ob es romantisch ist, wenn man sich aufmacht zu einem moorigen Erlebnis in Bayerns jüngstem Moorheilbad, sei dahingestellt. Farbenfroh und die Lebensfreude weckend ist ein Spaziergang auf dem Seerundweg unbedingt. Ein malerisches Fleckchen Erde, eingebettet in eine zauberhafte Kulisse: Der See liegt still und fast mystisch anmutend da, was die beeindruckende Bergkulisse der Ammergauer Alpen eindrucksvoll unterstreicht. Blau ist hier nur die Himmelsfarbe. Über Millionen von Jahren hinweg haben Naturkräfte das Moor rund um den See entstehen lassen. Eine Kombination aus organischem Material, Wasser und einer besonderen mikrobiellen Aktivität hat dieses einzigartige Ökosystem hervorgebracht. Wertvoll für Klima und Mensch. Seit Jahrhunderten werden die positiven Auswirkungen des Moores auf unsere Gesundheit geschätzt. Die Wärme, die das Moorwasser speichert, wirkt wohltuend auf Körper und Geist. Sie fördert die Durchblutung, lindert Schmerzen und unterstützt die Regeneration. Aber nicht nur für unser Wohlbefinden ist das Moor von großer Bedeutung, auch für das Klima spielt es eine entscheidende Rolle. Als Kohlenstoffsenke kommt dem Moor eine wichtige Rolle bei der Speicherung von CO_2 zu, es unterstützt somit aktiv die Reduzierung des Treibhauseffekts. Betritt man den 1,9 Kilometer langen Barfußpfad am Seeufer, wird man sofort von einer Aura der Ruhe und Gelassenheit umhüllt. Spielerisch lassen sich an unterschiedlichen Erlebnisstationen spannende Informationen erfahren, erleben und erfühlen. Die Schuhe finden am Fischerhäusl in einer kleinen Hütte Unterschlupf, bevor die Füße sich mit eckigen Kieseln, feinem Sand, kantigem Rindenmulch, kühlem Nass und matschigem Moor beschäftigen. Die Erholungsliegen im Wald oder auf dem Steg sorgen für eine gemütliche Pause mitten im „Naturkino", Glücksmomente garantiert.

TIPP

Urig ist der Kiosk Fischerhäusl mit kleinem Biergarten direkt am See.

- Moorerlebnispfad, Soiner See, 82435 Bad Bayersoien
- ÖPNV: Bus 9606, Haltestelle Bad Bayersoien, Eisplatz

Balancierstämme

Im Vogelparadies

30 Exkursion in der Herrschinger Bucht

Fast könnte man meinen, er liege ganz still und unbelebt da, der Ammersee in der Herrschinger Bucht. Geräuschvolle Aktivitäten sollte man jetzt tunlichst vermeiden, denn wer denkt, nur im Sommer ist am See die Hölle los, wird schnell eines Besseren belehrt. Was dem ersten Blick fast verborgen bleibt, auf dem Wasser ist es gerade im Winter richtig kuschelig. Rund 20.000 Zugvögel landen auf dem See, um hier ihr bevorzugtes Winterquartier in der ruhigen und windgeschützten Bucht zu beziehen. Je flacher, desto einfacher die Nahrungssuche, denn nicht alle können 10 Meter in die Tiefe schwimmen wie die Seetaucher. Dank seines enormen Wasservolumens friert der Stützpunkt Ammersee vor der geografischen Barriere Alpen fast nie zu. Glücklicherweise ohne Stau oder Parkplatzprobleme treffen sich im südlichen Oberbayern Lachmöwen, Prachttaucher, Rallen und nicht selten Reiherenten, die teils aus Sibirien kommend gut 5000 Kilometer lange Anreisen hinter sich haben. Einige rasten nur kurz und stärken sich für den Weiterzug gen Süden, andere genießen die Winterruhezonen im Zugvogelreservat.

TIPP

Ein identisches Spektakel erlebt man nahe dem Chiemseer Achendelta am Beobachtungsturm Lachsgang.

Wie bei anderen Wildtieren läuft der Organismus aufgrund der kalten Temperaturen und des begrenzten Nahrungsangebots auf Sparflamme. Nähern sich Menschen an, reagieren die Wintergäste sehr sensibel. Mindestens 300 Meter Abstand gilt es einzuhalten, um Fluchtreaktionen der Vögel zu vermeiden, die an ihren lebenswichtigen Energiereserven zehren würden, und sie nicht aus ihren Nahrungsgründen zu vertreiben. Genussvoll erleben lassen sich die Badegäste der anderen Art bei einer Bird-Watching-Tour gemeinsam mit den Gebietsbetreuerinnen und -betreuern am See. Ausgestattet mit Fernrohr und Wissensdurst geht es unter fachkundiger Anleitung zu den schönsten Plätzen, um dort kompetent alles über die Zugrouten und die Nahrungsvorlieben der verschiedenen Vogelarten zu erfahren.

● Herrschinger Bucht, Ammersee, 82211 Herrsching am Ammersee
www.starnbergammersee.de/entdecken-erleben/ammersee

Königlicher Seeblick

31 Zwischen Herzogstand und Heimgarten

Schon die Fahrt auf den Herzogstand, einen der berühmtesten Münchner Hausberge, ist ein einmaliges Erlebnis. Fast schade, dass es nur wenige Minuten dauert, bis man oben auf 1600 Metern Höhe angekommen ist, denn der Blick aus der Gondel ist atemberaubend. Über dem türkisblauen Walchensee, an dem die sanfte Fahrt beginnt, erheben sich majestätisch die schneebedeckten Gipfel der Alpenkette. Schaut man in die andere Richtung, entdeckt man tief unten im Tal den Kochelsee und kann mit etwas Glück vielleicht sogar bis nach München schauen.

Oben angekommen führt ein erdgeschichtlicher Themenweg ohne nennenswerte Steigung von der Bergstation über den 2,5 Kilometer langen und aussichtsreichen Spazierweg bis zum köstlichen Kaiserschmarrn auf der großen Sonnenterrasse am Berggasthof Herzogstand. Was im Sommer durch den würzigen Duft der knorpeligen Latschenkiefern zu einem Genussabenteuer wird, ist bei Schnee ein geräumter Panoramaweg. Eine Büste am Wegesrand erinnert noch heute daran, wessen persönliches Paradies der Herzogstand war. 1865 ließ König Ludwig II. von Bayern hier oben sein Königshaus erbauen.

Deutlich sportlicher geht es ab hier weiter hinauf zum Gipfel und über den Grat hinüber zum Heimgarten. Einen schöneren Rundumblick über Walchensee und Kochelsee findet man schwerlich. Doch ganz einfach ist die Gratüberschreitung nicht. Trittsicherheit und Schwindelfreiheit sind unbedingt vonnöten, um sicher an der Heimgartenhütte anzukommen und zu rasten.

Nun muss man sich entscheiden: Von hier hinab ins Tal absteigen oder zurück zum Herzogstand und sich an den Bergsilhouetten im Licht der untergehenden Sonne erfreuen? Den Alltag allein ins Tal schicken und die Nacht eingekuschelt in rot-weiß karierter Bettwäsche mit Hüttenfeeling im Berggasthof verbringen? Weich hüllt die Dunkelheit alles in magisches Blau und sorgt für himmlische Ruhe, während der Blick ein letztes Mal über den friedlich daliegenden See schweift.

- Berggasthaus Herzogstand, Reitweg, 82432 Kochel am See, Tel. (0 88 51) 2 34
  www.berggasthaus-herzogstand.de
- ÖPNV: RB66, Bahnhof Kochel, dann RVO-Bus bis Walchensee Talstation, von dort mit der Herzogstandbahn auf den Gipfel

See(hens)würdig!

32 Unterwegs am Weßlinger See

Wie blau kann eigentlich Blau sein? Diese Frage drängt sich fast unweigerlich auf, wenn man auf einer Entdeckertour zu einzigartigen Naturerlebnissen und gelassenem mittelblauen Wassergenuss am angenehm temperierten Weßlinger See ist. Mit seinen knapp 700 Meter Länge ist er der kleinste der traumhaft schönen Seen im Fünfseenland. Herrlich schlängelt sich facettenreich ein oft schmaler Weg durch teilweise geschützte Natur um die Wasserlandschaft. Viele wunderschön anmutende Orte laden zum Verweilen und Genießen ein. Gemütliche Badeplätze, mal auf sonnig grüner Wiese, mal an kleinen, öffentlich zugänglichen Holzstegen, laden zum Schwimmen ein. Nur vom Gezwitscher der Vögel unterhalten, kann man hier gemütlich spazieren gehen und neue Energie tanken. Eingebettet zwischen Schilf und Bäumen liegt der See fast malerisch im Künstlerdorf Weßling. Dank einer mittig aufgestellten kleinen Fontäne, die dem Wasser Sauerstoff zuführt, konnte der Toteissee vor dem Kippen gerettet werden und bietet mittlerweile beste Wasserqualität. Im Hintergrund immer in Sichtweite der originelle Zwiebelturm der Christkönig-Kirche.

Wenn die Sonne ganz langsam hinter den schützenden Sonnenschirmen über dem See versinkt und die Tagesgäste das himmlische Refugium verlassen, wird es einheimisch auf dem weit ins Wasser ragenden Steg. Umgeben von gelb und weiß leuchtenden Seerosen und durchs Wasser schimmernden Karpfen laden Stühle und Tische auf ein kühles Getränk ein. Aus der winzigen Küche des gemütlichen Wasserberghäusls verwöhnen Antipasti auf Röstbrot, Pastrami-Sandwich oder typisch bayerische Weißwurst mit Breze den hungrigen Gaumen. Hin und wieder bringt Livemusik ein bisschen Schwung in den sonst zu jeder Jahreszeit beschaulichen See. Dann dümpeln die beiden Ruderboote mit den Leih-SUPs gemütlich im Takt.

TIPP

Wenn eisige Zeiten die Eisstockschießer auf den See locken, wärmt der Seekiosk-Glühwein.

- Weßlinger See, 82234 Weßling
- Wasserberghäusl, Obere Seefeldstraße 20, 82234 Weßling
  www.wasserberghaeusl.de
- ÖPNV: Bus 921, Haltestelle Max-Doerner-Weg

Magische Zeitreise

33 In Neuburg an der Donau

Eindrucksvoll erzählt das Ensemble der oberen Altstadt die Geschichte Neuburgs an der Donau, der ältesten Stadt Bayerns. Bunt schillern die liebevoll restaurierten Fassaden rund um die verwinkelten Gassen und berichten aus der Blütezeit im 16. und 17. Jahrhundert. Schmucke Bauten erzählen von früherer Pracht und dem Reichtum vergangener Tage. Das Schloss Neuburg, auf einem Hügel über der Stadt gelegen, beeindruckt mit seiner majestätischen Fassade und dem imposanten Innenhof. Ein Spaziergang durch den Schlossgarten ist wie ein Ausflug in eine andere Welt.
Neuburg ist reich an kulturellen Schätzen und lädt zu spannenden Entdeckungen ein. Zahlreiche Museen und Galerien bieten Einblicke in die Geschichte der Region. Alle Kunst- und Kulturinteressierten finden hier ein wahres Paradies. Doch die Stadt hat noch viel mehr zu bieten: Entlang der Lebensader Donau spazieren Naturliebhaber durch idyllische Flusslandschaften. Auf Themenwegen lässt sich eines der bedeutendsten Auwald-Gebiete Deutschlands bestens ausgeschildert erkunden. Erlebnisreiche Kulinarik finden Auszeitgenießer in gemütlichen Cafés, wo das ein oder andere Stück Kuchen bei einer duftenden Tasse Kaffee mit Donaublick für köstliche Verführung sorgt. Kleiner Tipp am Rande: Wer auf eine kulinarische Reise aus ist, die in die jahrhundertealte Brautradition eintauchen lässt, dem sei eine spannende Führung durch das barocke Neuburg empfohlen. Bier konsumieren lässt sich am besten im Bootshaus im Englischen Garten mit seinem idyllischen Biergarten direkt an der Donau. Laue Sommerabende lassen sich hier bei Cocktail und Co. mit Blick auf das Neuburger Schloss ebenso genießen wie eine kurze Pause auf dem Donau-Radweg.
Die idyllische Lage an der Donau, die prächtige obere Altstadt und die vielfältigen natürlichen wie kulturellen Schätze machen die Stadt zu einem wahren Glücksort. Hier heißt es eintauchen in die Geschichte und Schönheit Neuburgs und sich verzaubern lassen von der Magie der von Wasser geprägten Region.

- Bootshaus, Oskar-Wittmann-Straße 5, 86633 Neuburg an der Donau
- ÖPNV: Bus 9239, Haltestelle Hofgarten, ca. 8 Min. Fußweg

Ganz relaxed

34 Die See-Lodge in Jetzendorf

Eine ganz eigene Welt im Rhythmus der Natur. Aufatmen und fernab des Alltags die Ruhe genießen. Doch Moment, eigentlich ist es doch nur der eine Schritt unter dem bunten Schild mit der Aufschrift „Baumhaushotel Oberbayern" hindurch, der für ein Gefühl purer Entspannung und Glückseligkeit sorgt.
Sanft schiebt sich der neue Tag durch die große Panorama-Glasfront hinter der überdachten, fast frei über dem Wasser schwebenden Holzterrasse, die eine jede See-Lodge ihr Eigen nennt. Schnell geht es die Leiter hinab aus dem romantischen Schlafbereich, der sich oben im Spitzdach befindet. Zu sehr lockt der erste Kaffee kombiniert mit wasserblauem Ausblick. Munter quaken die Frösche auf dem mit Seerosen bewachsenen Teich, das Herzstück der kleinen Ferieninsel. Am Ufer liegen zwei rote Ruderboote, die jederzeit zu einer abenteuerlichen Schifffahrt einladen. Gemütlich auf dem stilvollen Holzpaletten-Sofa sitzend, mit einer dampfenden Tasse in der Hand, kann der Tag kaum geruhsamer starten. Zugegeben, das reichhaltige Frühstück auf der gegenüberliegenden großzügigen Sonnenterrasse unterstützt die Vollkommenheit des Moments dann doch. Familiär und völlig entspannt bietet das kleine Resort zwischen Scheyern und Markt Indersdorf alles, was für eine genussvolle Auszeit nötig ist. Am Beach-House befindet sich ein rustikaler Lounge-Bereich, der neben handgemachtem Eis auch regionales Bier, Erfrischungsgetränke und Kaffeespezialitäten bereithält. Gemütlich und funktional wie das süße See-Lodge-Refugium ist, stellt sich fast automatisch die Frage, ob man wirklich etwas unternehmen möchte. Dabei bieten sich direkt vor der Tür verschiedene Aktivitäten an: Klettern im Waldklettergarten, eine der zahlreichen malerischen Rad- oder Wanderrouten erkunden oder auf der Adventure-Minigolfanlage seine Geschicklichkeit und Präzision testen. Möglichkeiten gibt es einige, doch Ruhe und Zweisamkeit in entspanntem Wohlfühlambiente können völlig reichen. Man muss nicht immer etwas tun, um glücklich zu sein.

TIPP

Auch wenn der Geräuschpegel der nachtaktiven Frösche beträchtlich ist: Sie sorgen für eine mückenfreie Umgebung.

- See-Lodges im Baumhaushotel Oberbayern, Schulstraße 26, 85305 Jetzendorf www.baumhaushotel-oberbayern.de
- ÖPNV: Bus 707, Haltestelle Jetzendorf Post, ca. 15 Min. Fußweg über die Schulstraße

Stiller Zauber

35

Der Bergwald-Erlebnispfad Frillensee

Gaumenpoesie, ein Zauberwald mit blauen Elfen und Holzgeistern – lässt sich frische Bergluft magischer genießen? „Willst Du wissen, was Schönheit ist, so gehe hinaus in die Natur, dort findest du sie“, sagte bereits Albrecht Dürer. Ob er dabei vielleicht an den verzauberten Wald rund um den Frillensee dachte? Möglich wäre es. Gemütlich startet am gastronomischen Forsthaus Adlgaß ein entspanntes Abenteuer in die Natur. Sehen, fühlen, hören und riechen sorgen auf dem gut 6 Kilometer langen Rundweg dafür, dass der Kopf frei wird und sich der Körper nach waldig belebter Energie anfühlt.

Moorig federt der weiche Waldboden an vielen Stellen des Bergwald-Erlebnispfades, der zu wundervollen Sinneserfahrungen einlädt. Ob klanglich, barfuß, mit ausgelassenen Ideen am Bach oder in der sandigen Grube. Nach zwei erlebnisreichen Waldkilometern öffnen sich die Baumreihen und geben den Blick auf Deutschlands kältesten See frei. Flirrend schimmert das Spiegelbild der umliegenden Berge auf der eiswasserblauen Oberfläche. Entstanden durch abschmelzende Gletscher der letzten Eiszeit liegt der Frillensee wie verzaubert da, umgeben von Wald und einem faszinierenden Hochmoor. Am Fuß des Zwiesels lohnt sich zu jeder Jahreszeit eine Jacke, möchte man es sich auf einer der zahlreichen Bänke gemütlich machen, um die artenreiche Flora und Fauna zu betrachten. Ob es wirklich Libellen sind, die hier überall umherschwirren? Wer weiß, vielleicht handelt es sich um blaue Elfen, die einfach nur verzaubern wollen, wie die gesamte Region.

Baden ist inmitten des Landschaftsschutzgebietes nicht erlaubt und diese Ruheoase ist auch ausschließlich zu Fuß oder mit dem Rad erreichbar. Ein teilweise mit Bohlen befestigter Weg führt rund um den See. Einige Rastplätze laden zum Verweilen und Genießen ein, während die Vögel leise zwitschernd die Atmosphäre untermalen, schmeckt die mitgebrachte Rucksack-Brotzeit. Alternativ bietet der gemütliche Biergarten am Forsthaus Adlgaß typisch bayerische Schmankerl.

TIPP

Bereits im November friert der See meist zu und besitzt eine tragfähige Eisdecke.

- Bergwald-Erlebnispfad Frillensee, Adlgaß 1, 83334 Inzell
- ÖPNV: Bus 9481, Haltestelle Adlgaß

Kaffee an der Uferpromenade

36 Entspannte Brotzeit im Aran Tegernsee

Geschichtsträchtig die Räumlichkeiten, traumhaft der Ausblick und genussreich das Konzept. Es geht an den blauen Tegernsee in ein zauberhaftes Kaffeehaus mit hauseigener Konditorei und Backstube in erstklassiger Lage.

Stilvoll eingerichtet lädt der Wintergarten mit direktem Blick auf den See zum Verweilen ein. Im großzügigen Garten finden sich unter Linden und Olivenbäumen während der Sommermonate schattige Plätze, an denen sich freie Zeit kulinarisch genussvoll verbringen lässt. Brotzeit mal anders, heißt es im Aran im Gebäude des historischen Schlosscafés. Verschiedene frisch gebackene Brotkreationen, Aufstriche und Dips in unterschiedlichen Geschmacksvariationen sowie köstliche Beläge geben dem rustikalen Pausenbrot einen ganz eigenen Pfiff. Ob zusammen mit Milchcafé, Rührei und Müsli oder doch lieber deftig kombiniert mit einem Tegernseer Hell im kalten Steinkrug. Es ist die Tageszeit, die den Unterschied macht. Am Nachmittag lässt sich auch der hausgemachte Kuchen direkt am sonnigen Tegernsee wunderbar genießen.

TIPP
Wenige Schritte entfernt an der Schlosspromenade bestaunt man Kunst im Gulbransson Museum.

Bei guter Musik und einem edlen Spritz verabschiedet sich der Tag fulminant mit einem Sundowner. Einzig die Frage, ob sich zu dieser vorgerückten Stunde noch ofenfrisches Brot in der Auslage befindet, das man jederzeit auch für die eigenen vier Wände kaufen kann, bleibt offen. Eine Idee, die man am besten direkt bei der Bestellung am Tresen in die Tat umsetzt. Selbstbedienung passt hier zum modernen Konzept, ein wenig Geduld für die zu Stoßzeiten langen Warteschlangen sollte man mitbringen. Es lohnt sich!

Schwarze Tafeln erläutern tagesaktuelle Speisen, die neben klassischen auch vegetarische und vegane Varianten bieten. Originell, frisch und saisonal – hier findet jeder das Essen ganz nach seinen Vorlieben.

- Aran Tegernsee - Café am Schloss Tegernsee, Seestraße 8, 83684 Tegernsee
www.aran.coop
- ÖPNV: Bus 354, 355, 358, 359, 366, Haltestelle Tegernsee Rathaus

aran
BROTGENUSS & KAFFEEKULT

Jederzeit ein Lieblingsplatz

37 Das Strandbad Murnau

Was genau es ist, lässt sich eigentlich nicht abschließend definieren. Was im Sommer als Strandbad einen unvergleichlichen Sonnenuntergang über dem orangeroten Staffelsee bietet, ist in der kühleren Jahreszeit ein genussvoller Lieblingsplatz, um das Frühstück gemütlich zu zelebrieren. Jeden Samstag und Sonntag gibt es neben Waffeln, Kuchen und leckeren Frühstücksvariationen köstliche Kaffeespezialitäten.

Türkis-weiß getüncht und im Vintagestil gestaltet, liegt einer der schönsten Plätze Oberbayerns in sensationeller Lage direkt am Staffelsee. Amüsant und lustig geht es zu, wenn Wasserliebhaber von der großzügigen Liegewiese den Sprung ins kühle Nass des Sees wagen. Für die obligatorischen Strandbad-Pommes ist jederzeit gesorgt. Gepflegt und mit allem ausgestattet, was großen und kleinen Gästen genussvolle Sommertage bereitet, lässt sich hier Spaß kombiniert mit der nötigen Ruhe im naturnahen Freibad erleben. Badevergnügen, das man bis in die Abendstunden genießen kann.

Gemütlich chillt man mit dem passenden Getränk auf einem der farbenfrohen Liegestühle und lässt den Blick über die Murnauer Bucht schweifen. Langsam versinkt die Sonne und taucht den See in eine fast unwirkliche Farbe. Italien-Feeling in Bayern. Ein Blick, der sich uneingeschränkt auch von der hölzernen Terrasse aus genießen lässt. Ob köstliche Pizza, kreativer Burger oder leckerer Flammkuchen. Kurz sind die Wege, die man im Selfservice zurücklegt, und tun dem Seele-baumeln-Lassen keinen Abbruch. Was übrigens auch wunderbar nach einem Spaziergang oder einer Schifffahrt auf dem Staffelsee funktioniert.

Ob für ein gemeinsames Abendessen oder ein köstliches Frühstück: Das Strandbad ist ein idyllischer Treffpunkt, an dem man mit seinen Lieblingsmenschen zusammenkommt. Ein Glücksort, um wunderbar und so herrlich entspannt einen Tag am Wasser zu genießen und einen sensationellen Sonnenuntergang zu betrachten.

TIPP

Auf dem Staffelsee ist Bayerns erstes Passagier-Solarboot im Einsatz.

- Strandbad Murnau, Seestraße 31, 82418 Murnau am Staffelsee
www.laguna-murnau.de
- ÖPNV: RB6, Bahnhof Murnau

Schmugglern auf der Spur

38

In der Entenlochklamm bei Maria Klobenstein

Tief eingegraben zwischen beeindruckend steil aufragenden Felsformationen sprudelt munter die Tiroler Ache. Mehr milchig hellgrün als blau gefärbt, hat sich das Wasser aus den Tiroler Bergen einen Weg durch Felsschichten und tiefgrüne Wälder in die Landschaft gegraben. Eine Lebensader, die zu Action und Erholung lockt und wie eine natürliche Tankstelle wirkt, an der man seinen persönlichen Energieakku laden kann.

Es ist eine fast 2000 Jahre alte Handelsroute, auf der erst Kupfer und Bronze, später Wein und Salz und nach dem Zweiten Weltkrieg auch Kaffee, Rum und Zigaretten zwischen Österreich und Deutschland transportiert und geschmuggelt wurden. Was damals beschwerlich und gefährlich war, lässt sich heute genussvoll erwandern. Von Schleching in Bayern geht es auf dem aussichtsreichen Schmugglerpfad nach Kössen in Österreich. Romantische Rastplätze, atemberaubende Aussichtsplattformen und gleich zwei beeindruckende Hängebrücken über das Naturdenkmal Klobensteinschlucht bieten dabei so manches Abenteuer. Mutig die erste Hängebrücke passiert, erreicht man hinter dem Gasthaus Klobenstein und der aus zwei barocken Kapellen bestehenden Kirche den geklobenen Stein. Glaubt man der Legende, geht für Wanderer, die den gespaltenen Felsen ohne Wandberührung durchschreiten, ein materieller Wunsch in Erfüllung.

TIPP

Die Entenlochklamm aus der Kanuperspektive erkunden.

Zurück führt der Sommerwanderweg über die zweite Hängebrücke, die den mystischen Kraftplatz der Wallfahrtskirche mit dem Rückweg des Schmugglerpfads verbindet. Auf gut 6 Kilometern Weg mit nur mäßigen Steigungen geht es von einem faszinierenden Glücksort zum nächsten. Strahlend die magische Kraft des Wassers, umgeben von kleinen Sandbuchten, die zum Verweilen einladen. Spektakulär der Blick von oben auf die von den Naturgewalten geformten Felsen. Amüsant die Grenzüberschreitung von Tirol nach Bayern, mitten im Wald. Reisepass nicht vergessen!

● Schmugglerpfad durch die Entenlochklamm, Startpunkt: Parkplatz ehemalige Geigelsteinbahn, Geigelsteinstraße 55, 83259 Schleching
● ÖPNV: Bus 9509, Haltestelle Ettenhausen

Legendäre Sportkulisse

39 Der Rießersee bei Garmisch-Partenkirchen

Fein geschwungen wächst Schilf am Ufersaum, winzig kleine Schmetterlinge flattern wie zarte Traumwesen vor der beeindruckenden Kulisse der mächtigen Zugspitze, die sich kegelförmig hinter dem Rießersee abhebt. Rasant rauschten hier einst die hölzernen Bobschlitten die kurvenreiche Natureisbahn hinab. Mit bis zu 120 Stundenkilometern stürzten sich waghalsige Sportler die wohl gefährlichste Bobbahn der Welt hinunter. Was heute ein gemütlicher Spaziergang durch den Wald ist, war 1936, vor den Toren Garmisch-Partenkirchens, Schauplatz der Olympischen Winterspiele.

Heute fast unvorstellbar transportierte ein Bobaufzug die waghalsigen Holzgefährte auf den Berg hinauf. Exakt 1525 Meter Länge, 129 Höhenmeter und 14 Kurven, ausgemauert mit 15.000 aus dem See geschnittenen Eisquadern, waren bei der Abfahrt zu meistern. Nach der Europameisterschaft 1966 wurde die halsbrecherische Bahn stillgelegt und 2003 unter Denkmalschutz gestellt. Heute lässt sich die Bobbahn mit festem Schuhwerk leicht durchwandern. Beeindruckend, bleibt man in der berühmten Bayern-Kurve stehen, die einst Olympiasieger aus der Lebensbahn warf. An einer Gedenktafel wird das Flair und der Wagemut früherer Bobpiloten wieder gegenwärtig.

Knapp 45 Minuten dauert der waldige Spaziergang. Gut 350 Meter vor dem ehemaligen Zieleinlauf macht das kleine Bobmuseum neugierig. Exklusive Filme und liebevoll drapierte Ausstellungsstücke, darunter historische Bobs, erinnern an frühere Helden und legendäre Bobsportgeschichte, aber auch an tragische Unfälle. Gemütlich geht es weiter rund um den künstlich angelegten Rießersee. Eine Hangquelle speist das Stillgewässer und sorgt gleichzeitig für die gute Wasserqualität. Im Sommer lädt ein charmantes Naturbad zum Schwimmen und Stand-up-Paddeln ein. Auch der einmalige Ausblick von der Sonnenterrasse direkt am Wasser des angrenzenden Hotel Riessersee verzaubert. Majestätisch erhebt sich als schroffe Spitze des Wettersteinmassivs, die Zugspitze, mit immerhin 2962 imposanten Metern Deutschlands höchster Gipfel.

- Rießersee, 82467 Garmisch-Partenkirchen
- ÖPNV: RB60, RE62, Bahnhof Garmisch-Partenkirchen, Hausberg, ca. 20 Min. Fußweg

Denkmalgeschützt baden

40

Das historische Strandbad Feldafing

Bereit für eine Zeitreise? In all seiner historischen Pracht liegt das seit 1927 nahezu unveränderte Strandbad am malerischen Starnberger See. Eingebettet in die atemberaubende Landschaft Oberbayerns lädt die idyllische Anlage ein, einfach die Seele baumeln zu lassen und den Alltagsstress zumindest zeitweise zu vergessen. Wie ein Schritt in längst vergangene Tage fühlt es sich beim Betreten der Anlage an. Die Geschichte des Strandbads reicht bis ins 19. Jahrhundert zurück und verleiht ihm einen Hauch von Nostalgie. Insbesondere die 150 Umkleidekabinen in den dunklen, lang gestreckten Holzbauten sorgen für einzigartigen historischen Charme. Die Liegewiesen und das Restaurant hingegen verzaubern mit ihrem modernen Ambiente.

Der damals aufgeschüttete, 100 Meter lange Sandstrand am Uferbereich ist inzwischen vom Wasser abgetragen. Grüne Wiesen mit wenigen Schatten spendenden Bäumen bieten heute die perfekte Location, um genussvoll den Blick über die Wasseroberfläche bis zur nostalgischen Roseninsel oder den beeindruckenden Voralpen schweifen zu lassen. Seit 1973 steht die Feldafinger Version gemeinsam mit 15 anderen bayerischen Freibädern unter Denkmalschutz. Sind viele andere Badestellen rund um den See oft überlaufen, hat man an diesem eher unbekannten Ort meist seine Ruhe. Während die Zwerge begeistert zwischen Nichtschwimmerbereich, Wasserrutsche und Sandkasten wechseln, bietet das Beachvolleyballfeld Platz für sportliche Betätigung.

TIPP

Die hölzerne Fähre setzt zur Roseninsel über, einem Lieblingsort von Sisi und Ludwig (Glücksort 13).

Der Sommer und damit die Badezeit neigt sich dem Ende entgegen, der richtige Zeitpunkt, um von den drei Sonnenterrassen in die gemütliche Gaststube mit Kachelofen zu switchen. Das Restaurant ist ganzjährig in Betrieb und bietet neben vielem anderen Frühstück am Wochenende oder herzhafte Pizza-Spezialitäten. Es lohnt unbedingt, im Magen noch ein bisschen Platz für ein hausgemachtes Stück Kuchen zu lassen.

- Strandbad Feldafing, Königinstraße 4, 82340 Feldafing
  www.strandbad-feldafing.eatbu.com
- ÖPNV: S6, Haltestelle Possenhofen, dann ca. 20 Min. Fußweg

Ultrablaues Naturidyll

41

Der Tachinger See im östlichen Chiemgau

Umgeben von einer stillen Hügellandschaft liegt der Tachinger See inmitten eines weitläufigen Landschaftsschutzgebietes. Ein kleines bisschen nördlich des Waginger Sees verzaubert er zu jeder Jahreszeit. Zugegeben, die beiden Natur-Strandbäder in Taching und Tengling eignen sich in Sachen Badespaß für Groß und Klein eher in den warmen Monaten. Dann lässt es sich auf einem geliehenen Boot gemütlich über den bis zu 27 Grad warmen See schippern. Immer im Blick das beeindruckende Panorama der umliegenden Bergwelt. Genießermomente, die sich auch wunderbar vom hölzernen Steg, vom Sprungturm oder von der sonnenverwöhnten Liegewiese aus betrachten lassen. Ruhiger wird es im Herbst. Sanft wabern die Nebel über den im ersten Sonnenlicht erstrahlenden „kleinen Bruder" des bekannten Waginger Sees. Eine kleine Einschnürung verbindet die beiden fischreichen Gewässer. Dank ausgezeichneter Wasserqualität finden Weißfisch, Hecht, Zander und Schleie eine Heimat und Brutstätte zwischen Seerosenfeldern und dem umliegenden Schilfgürtel.
Wo das allgegenwärtige Gewässer den Lebensrhythmus vorgibt, sind Entschleunigung und Entspannung vorherrschend. Ob gemütlich auf dem Seewanderweg oder doch eher genussvoll ambitioniert bei einer Biogenussradltour, in der Ökomodellregion ist es bei jeder Witterung angenehm. Wer es sich auf den hölzernen Planken unter der alten Weide direkt am Nordufer des Sees gemütlich macht, kann hier geruhsame Momente und immer wieder neue optische Eindrücke genießen. Es sind die kleinen Abenteuer, die das Leben schöner machen. Ein paar Schritte entfernt vom Steg liegt auf einer Anhöhe das kleine Kirchlein St. Coloman mit dem Aussichtspunkt „Huckinger Kino". Geradezu atemberaubend reicht der Blick über malerische Landschaften bis zur Alpenkette, die auch im Winter für eine besondere Atmosphäre am Horizont sorgt.

- Strandbad Tengling, Am See 1, 83373 Taching am See, Tel. (0 15 12) 2 58 09 00
- Strandbad Taching, Am Strandbad, 83373 Taching am See

Panorama vom Feinsten

42 Das Naturfreundehaus Freising

Eintauchen in ein Stück blauen Glücks: Hoch über den Isarauen zwischen den Örtchen Rudlfing und Hangenham nahe Freising gelegen, bietet eine Terrasse einen fast magischen Ausblick über das Erdinger Moos nach München und manchmal bis in die Alpen. Ein Spaziergang mit den Augen entlang der Isar gleicht einer Reise durch eine Landschaft, die von einem talentierten Maler mit leuchtenden Farben zum Leben erweckt wurde. Das Rauschen des Flusses mischt sich mit dem Rascheln der Blätter und erzeugt eine einzigartige Symphonie der Sinne. Hier kann man seine Gedanken schweifen lassen, träumen und einfach nur die Schönheit der Natur in sich aufnehmen. Die Isarauen, ein ökologisches Juwel. Gemeinsam mit ihren vielen kleinen Nebenarmen hat die Isar zwischen vegetationsarmen Schotterbänken, Naturauen und Auwäldern eine beeindruckende Region entstehen lassen. Ein Ort, der im Zusammenspiel von Fluss und Land viel Lebensraum für eine biodiverse Flora und Fauna geschaffen hat. Trotz Schutz darf die wilde Natur erlebbar bleiben und so führt der Isarradweg durch einen mit heimischen Pflanzen und unendlichem Grün durchzogenen wahren Schatz.
Den weiten Überblick aber bietet die erhabene Lage des Naturfreundehauses. Die Szenerie hier wechselt täglich: Seicht wabern mystische Nebelschwaden aus der Ebene empor, wenn nicht gerade das farbliche Zusammenspiel aus perlwasserblauer Isar mit dem blassen Graugrün der Auen spielt. Im Herbst leuchtet die Landschaft in warmen Orangetönen samt am Horizont majestätisch aufragendem Alpenpanorama. Es ist eine gelungene Mischung aus gemeinsamen Events, Treffen oder auch möglichen Übernachtungen, die an den Wochenenden im meist bewirtschafteten Haus stattfinden. Ein wunderbares Ziel für eine entspannte Pause auf einem gemütlichen Radl- oder Wanderausflug in der Region. Doch auch sonst ist die Terrasse ein Ort, um sich selbst neu zu entdecken, um wieder in Einklang mit der Natur zu kommen und um das Leben mit all seinen Facetten zu genießen. Glücksmomente schenkt der Ausblick zu jeder Zeit. Ankommen. Innehalten. Glücklich sein.

- Naturfreundehaus Freising, Rudlfing 37, 85417 Marzling
  www.naturfreunde-freising.de
- ÖPNV: RB33, RE22, Bahnhof Marzling, ca. 25 Min. Fußweg

Wer fliegt denn da?

43

Der Vogellehrpfad am Lainbach-Wasserfall

Man muss nicht zwingend Ornithologin sein, um bei zwitschernden Waldmomenten Glücksgefühle zu erleben. Lehrreich stellen 14 Tafeln entlang des Weges zahlreiche heimische Vogelarten vor und vermitteln einen Eindruck über Lebensart, Eigenheiten und Lebensraum dieser Tiere. Einfach in der Handhabung lassen sich die Geräusche des Waldes mithilfe eines QR-Codes identifizieren. Vorsichtig spitzen wärmende Sonnenstrahlen durch das dunkle Blätterdach und malen flackernde Lichtspiele auf den schmalen Wurzelpfad. Zwischen dem munteren Tschilpen der gefiederten Freunde plätschert gurgelnd der Lainbach. Kleine Inseloasen aus moosbedeckten Steinen verbinden sich mit einladenden Ruhebänken. Es ist der Wechsel der unterschiedlichen Szenerien, der den Reiz dieser gemütlichen Wanderung ausmacht. Mal schweift der Blick über einen tosend über Felsvorsprünge sprudelnden Wasserfall, mal vernimmt das Ohr das leise, beruhigende Summen unzähliger Insekten auf einer Almwiese, kombiniert mit faszinierenden Ausblicken auf die umliegende Bergwelt. Sanft umspielt der Duft reiner Waldluft die Nase und versorgt den Körper mit heilsamen Baumterpenen. Natürliche Botenstoffe unterstützen den gesamten Organismus, während der Kopf ganz nebenbei lernt, den munteren Gesang von Dompfaff, Rotkehlchen und Buchfink zu unterscheiden.

TIPP
Vis-à-vis vom Bahnhof lädt das gemütliche Café Lena zu Kaffee und Kuchen oder Torte aus Meisterhand ein.

Die Perfektion des Konzeptes „Flow". Genussvoll vergisst man Zeit, Ort und Raum. Jeder Schritt fördert das Gefühl von Präsenz und hält die Wahrnehmung im Hier und Jetzt. Fast von alleine stellt sich ein Auszeitgefühl ein.

Im wahrsten Sinne des Wortes geht es über Stock und Stein das Lainbachtal am Bach entlang, auf und manchmal auch ab. Eine Strecke von 6 Kilometern und 200 Höhenmetern ist zu bewältigen, möchte man den gesamten Rundweg über schmale Waldpfade, Forstwege und ein Stück asphaltierte Straße spazieren. Gutes Schuhwerk ist zu empfehlen, es kann feucht sein.

- Vogellehrpfad am Lainbach-Wasserfall, Startpunkt des Spazierwegs: Am Sonnenstein, 82431 Kochel am See
- ÖPNV: RB66, Bahnhof Kochel, ca. 3 Min. Fußweg

Ganz privat

44 Das See-Chalet in der Therme Erding

Aromatisch duftet es nach sibirischer Zirbe und das Queen-Size-Bett inmitten der luxuriös ausgestatteten Suite mutet gemütlich an. Flauschige Kissen, in hoher Zahl drapiert, sorgen ebenso für Entspannung wie zwei samtige Sessel und der gemütliche Kamin. Hier lässt sich exklusiv ein Tag Urlaub fast vor der eigenen Haustür erleben. Seeseitig führen zwei große Panoramatüren hinaus auf die private Holzterrasse, die dank bequemer Komfortliegen zum Sonnenbaden einlädt. Mitten im Trubel der Therme Erding und doch fast komplett privat. So muten die insgesamt sechs See-Chalets am blau funkelnden Natursee gegenüber der sommerlichen Vitalgarten-Liegewiese an. Im Stil einer abenteuerlichen Blockholzhütte erbaut, bieten sie den Luxus des süßen Nichtstuns. Wer hier die Tür von innen schließt, findet einen Rückzugsort für genussvolle Erholung vor. Der große Vorteil: Trotz Ruhe und Abgeschiedenheit lassen sich alle Annehmlichkeiten der Therme nach Herzenslust genießen. Ein Ort, um wieder in die richtige On-Off-Balance zu gelangen. Wie wäre es mit einem Tag ohne Handy und Erreichbarkeit? Dafür himmlisch heiße Momente zwischen Sauna, sanft wiegenden Palmen über warmem Sand und köstlichen Cocktails im bayerischen Sommerparadies.

Mit einem frischen Obst-Arrangement, Sekt, Wasser und Saft ist bestens für das leibliche Wohl gesorgt. Diese Annehmlichkeit gehört zur Ausstattung der See-Chalets. Mehr als genug Platz und einige gastronomische Angebote bietet die größte Therme der Welt mit ihren unterschiedlichen Erlebnisregionen. Ob Action geladen im Rutschenparadies Galaxy, in der exotisch anmutenden Thermal-Poollandschaft, der VitalTherme & Sauna oder beim Schwitzen und Entspannen in der Wellness-Welt. Für jeden Wunsch findet sich hier das Richtige und wenn man dann die Tür des eigenen See-Chalets hinter sich schließt, herrscht himmlische Ruhe.

TIPP

Private Momente lassen sich auch eine Nummer kleiner in Form einer kleinen Suite oder Lodge günstiger bekommen.

● Therme Erding, Thermenallee 1–5, 85435 Erding, www.therme-erding.de
● ÖPNV: Bus 550, 570, 580, Haltestelle Therme Erding

In der Schwebe

45 Ballongeflüster über dem Tegernsee

Frei wie der Wind, ruhig wie spiegelglatte Bergseen und so besonders wie wahre Glücksmomente. Bunte Gefährte schmücken den winterlich weiß-blauen Himmel über der verschneiten Tegernsee-Szenerie. Es ist Januar und an vielen Orten im Alpenraum Zeit für farbenfrohe Ballonfestivals. Ein beeindruckendes Himmelsspektakel, egal ob man es aus luftiger Höhe oder doch lieber mit festem Boden unter den Füßen genießt.

Wer sich fürs Mitfliegen entscheidet, erlebt einen wahrgewordenen Menschheitstraum. Wobei „fliegen“ gar nicht das richtige Wort ist, um das sanfte Schweben zu beschreiben: Heißluftballone fliegen nicht, sie fahren. Die Erklärung dafür ist in der Physik begründet. Denn die heiße Ballonhülle ist leichter als die Luft außerhalb. Nur Luftfahrzeuge, die schwerer als Luft sind, können fliegen und lassen sich steuern. Fast lautlos gleitet der Heißluftballon durch die Lüfte. Nur das Fauchen des Gasbrenners durchbricht die himmlische Ruhe. Majestätisch schwebt der Ballon über den stahlblauen Tegernsee. Es sind die atemberaubenden Ausblicke und das berauschende Gefühl, über einer Spielzeugwelt zu schweben. So liegen die malerischen Alpen zu Füßen aller, die in dem geflochtenen Korb stehen. Aussicht, Weitblick und das Gefühl von grenzenloser Freiheit sind einfach faszinierend. Kein Wunder, dass eine Fahrt im Ballon die Menschen seit jeher begeistert hat.

Aus der Vogelperspektive betrachtet ist die Natur zu jeder Jahreszeit ein beeindruckendes und einzigartiges Erlebnis. Ruhig und klar glitzert das leicht Bläuliche des Winterwonderlands bei Schnee. Wohin die Fahrt führt, entscheidet allein der Wind. Dauer und ganz grobe Richtung hängen von Startplatz und Thermik ab.

Auch wer lieber am Boden bleibt, kann bei der Montgolfiade am Tegernsee übrigens Zauberhaftes erleben: Zu Zeiten der Festivals findet oftmals ein abendliches Ballonglühen statt. Ein buntes Spektakel im warmen Schein der Ballonheizungen.

TIPP

Auch im Winter muss niemand frieren, denn der Brenner sorgt für Wärme.

● Montgolfiade am Tegernsee, Infos (auch zur Buchung von Ballonfahrten) unter www.tegernsee.com/montgolfiade

ENZBORN
TEUFELSSALBE

Beste Erholung

46 Lebensart am See – Ferien am Pelhamer See

Fast zaghaft beginnen die ersten Sonnenstrahlen des Tages die ferne Bergsilhouette in ein sanftes Orange zu hüllen. Geradezu mystisch liegt er da, der Pelhamersee, direkt unterhalb der Terrasse. Heiß duftet frischer Kaffee in der Tasse und am gegenüberliegenden Seeufer planschen Enten beim morgendlichen Bad. Leise erwacht der Tag in gemütlicher Abgeschiedenheit, die das Haus am See mit seinen modernen Ferienwohnungen bietet. Es sind die Momente der Ruhe, die Glücksmomente entstehen lassen.

Jahreszeiten werden hier, am fast kreisrunden und mit nur 71 Hektar kleinen Toteissee zur Nebensache. Lässt sich die überschaubare Liegewiese mit hölzernem Steg im Sommer für einen schönen Badetag nutzen, bietet sie im Sonnenuntergang eine großartige Kulisse für ein romantisches Picknick. Friert hingegen der See im Winter zu, sorgt das Sirren des Eises für mystische Augenblicke der besonderen Art. Ob von der privaten Gartenterrasse, der gemütlichen Dachloggia oder gar der eigenen Panoramasauna aus betrachtet, der Ausblick hat etwas Atemberaubendes und zugleich Beruhigendes.

Lebensart am See – hier ist der Name Programm – eignet sich wunderbar als Basisstation, um den ruhigeren Teil des Chiemgaus ausgiebig zu erkunden. Nördlich des Chiemsees gelegen, zwischen Bad Endorf und Seeon, gehört der Pelhamersee zur Eggstätt-Hemhofer-Seenplatte, einem wohlbehüteten Naturreservat mit sieben kleinen, bezaubernden Seen. Eingebettet ins älteste Naturschutzgebiet Bayerns finden sich hier ruhige Wege und Pfade durch Wälder und Moore, vorbei an Seen und aussichtsreichen Plätzen.

Ein blauer Glücksort, um die Seele baumeln zu lassen und Auszeiten für alle Sinne zu genießen.

- Lebensart am See, Pelham 8, 83093 Bad Endorf, www.lebensart-am-see.com
- ÖPNV: Bus 9511, Haltestelle Pelham, Bad Endorf

Lebensart

1-PS-Nostalgiereise

47 Treideln auf dem Ludwigskanal

Gemächlichen Schrittes wandert das Süddeutsche Kaltblut auf einem eigens neben dem Wasser gemähten Weg entlang. Seine Last ist nicht etwa eine Kutsche, sondern die altehrwürdige, 1933 erbaute „Alma Victoria", ein historischer Lastenkahn. Früher waren es Handelswaren, die damit transportiert wurden, heute sind es Besucher. An der Bedeutung des Begriffs „treideln", also das Ziehen von Schiffen auf Wasserwegen, hat sich nichts geändert. Es ist eine Reise in die Vergangenheit, zurück zu der Zeit, als der Ludwigskanal von Ludwig I. von Bayern erbaut wurde. Ein beeindruckender Kanal, der von 1836 bis 1846 einst als wichtige Verbindung von der Nordsee bis zum Schwarzen Meer für Warentransport und Handel diente. Wo im 19. Jahrhundert mit Gütern beladene Kähne vom Ufer aus mittels Pferdestärke flussaufwärts fuhren, bieten heute Rad- und Wanderwege die Möglichkeit zu idyllischen Abstechern in die Natur.

Die Kutscher Alm in Pollanten hält die Geschichte am Leben und bietet auf Anfrage eindrucksvolle Treidelfahrten an. Sanft bewegt sich das Schiff auf der denkmalgeschützten Wasserstraße voran. Eine verbindende Ader zwischen Oberbayern und der Oberpfalz. Für 1,5 Stunden geht es durch eine malerische Landschaft, vorbei an faszinierend schönen Orten. Alte Schleusenwärterhäuschen, moosüberwachsene Schleusen und das beeindruckende Kanalmeisterhaus wechseln mit ruhigen Uferzonen ab. Gut 3 Meter Wasserhöhe überwindet die „Alma Victoria" auf ihrer nostalgischen Reise von der einzig noch aktiven Schleuse 25 bis Pollanten. Wie anno dazumal werden noch immer drei Schiffsleute benötigt, um eine ordnungsgemäße Schleusung durchzuführen. Wie einst treiben die Pferde das Schiff gemächlich über den Treidelweg voran und übertragen ihre Kraft auf die Gäste an Bord. Dieses besondere Erlebnis bietet nicht nur einen hautnahen Rückblick in vergangene Zeiten, sondern schafft auch eine Verbindung zwischen Mensch und Natur.

TIPP

Nach der Treidelfahrt bietet die Kutscher Alm deftige Brotzeiten und selbst gebackene Kuchen und Torten.

● Treidelfahrten, Kutscher Alm, Hauptstraße 2B, 92334 Pollanten
www.kutscher-alm.de/treidelfahrten

Alma - Viktoria

Magische Wildnis

48 Der Zauberwald am Hintersee in der Ramsau

Es gibt Orte, die tragen ihren Namen zurecht. Geradezu mystisch hat sich die Ramsauer Ache unweit des Hintersees in die Landschaft zwischen Felsen und Wald gegraben, die so erst durch ein Unglück entstehen konnte. Ohne einen dramatischen Felssturz aus dem Hochkaltermassiv würde es dieses urwüchsige Geotop nicht geben. Knapp 15 Millionen Kubikmeter Gestein donnerten mehr als 1000 Meter in die Tiefe, türmten sich übereinander und stauten die Ramsauer Ache zum Hintersee auf. Heute, gut 3500 Jahre später, hat das milchigblaue Wasser ein wildromantisches Tal entstehen lassen, dass seinen Namen Zauberwald zu Recht trägt. Bereits Ende 1896 legte der Verschönerungsverein einen gemütlichen Fußweg an, der „Bayerns schönstes Geotop" auf bequeme Weise erlebbar macht.

Nachhaltig und naturnah – hier bleibt die Natur sich selbst überlassen, abgesehen von den vielen Touristen. Dabei gibt es sie, die magischen Momente, in denen sich kaum jemand an diesen zauberhaften Ort verirrt. Wenn die ersten Sonnenstrahlen ein funkelndes Spiel aus Licht und Schatten auf die von quirlig eisfarbenem Wasser umspülten Felsen werfen. Wenn sich tiefgrüne Farne zwischen moosigen Baumwurzeln und Steinlücken emporrecken. Wenn das sanfte Rauschen der Ache eine beruhigende Symbiose mit der Natur bildet, an einem Ort, der den Geist beflügelt und die Sinne verzaubert. Dann ist bereits beim Betreten des Zauberwaldes Magie zu spüren. Frühmorgens in den ersten Lichtstrahlen eines neuen Tages oder in der Dämmerung zeigt sich der Wald besonders malerisch.

Einen Teil der Runde durch den Zauberwald bildet der Hintersee, der in seiner Klarheit und dem tiefen Azurblau des Wassers kaum zu übertreffen ist. Das sich in der Seeoberfläche spiegelnde Tiefgrün der umliegenden Berge wirkt geradezu beruhigend auf die Seele. Ob entspannt auf einer Bank oder ganz gemütlich auf einem Felsen sitzend, schnell wird klar, warum Ramsau Deutschlands erstes Bergsteigerdorf ist. So wanderbar schön ist die Region.

- Zauberwald, 83483 Ramsau bei Berchtesgaden
- ÖPNV: Bus 845, 846, Haltestelle Hintersee Zauberwald

Asien in der Landeshauptstadt

49 Die Pagode im Japanischen Garten in München

Seen, Hügel, lauschige Plätze im Grünen: Fast könnte man annehmen im bayerischen Voralpenland unterwegs zu sein, so lieblich mutet die künstliche Landschaft an. Was bis zur Internationalen Landesgartenausstellung 1983 eine Brachfläche war, ist heute ein frei zugängliches Naherholungsgebiet. Der Westpark in München ist ein wahrer Glücksort, der zum Sonne genießen und Entspannen einlädt. Doch nicht nur das, hier können Genussabenteurer in eine ganz besondere Welt eintauchen. Das Ostasien-Ensemble im Park bietet eine faszinierende Vielfalt asiatischer Kulturen und Traditionen.

Wer durch den China- und Japangarten schlendert, fühlt sich direkt wie in einem fernöstlichen Paradies. Die Liebe zum Detail ist hier überall spürbar: Die von Handwerkern kunstvoll aus Holz geschnitzte Nepalesische Pagode beeindruckt mit ihrer filigranen Verarbeitung. Daneben findet sich die Thailändische Sala mit einer majestätischen Buddha-Statue, das erste buddhistische Heiligtum in Deutschland. Wie schwebend wirkt das Ensemble auf dem kleinen See, der besonders im Frühjahr umrahmt von einem Blütenmeer aus zartrosa Kirschblüten leuchtet. Ein Ort voller Ruhe und spiritueller Atmosphäre, der schnell in seinen Bann zieht. Der Japangarten ist ein ganz besonderes Juwel im Westpark und erzählt seine eigene Geschichte. Als Geschenk der Münchner Partnerstadt Sapporo wurde er im Stil der Heian-Zeit errichtet, die im 9. Jahrhundert ihre Blütezeit hatte. Nach fernöstlicher Ästhetik angelegte Bonsai-Bäume versprühen die Atmosphäre des alten Japans.

Doch auch sportlich, kulturell und kulinarisch hat der Westpark einiges zu bieten. Das Open-Air-Kino auf der Seebühne ist ein absolutes Highlight im Sommer. Hier kann man unter freiem Himmel Filme genießen und sich von der magischen Stimmung verzaubern lassen. Neben dem Kino finden im Park auch regelmäßig Konzerte im Theatron statt. Dann erfüllt Musik die Luft und lädt zum Tanzen und Mitsingen ein.

TIPP

Im „Hopfengarten" herzhafte Schmankerl, Kaffee im „Café Gans am Wasser" und Steckerlfisch im „Wirtshaus am Rosengarten".

- Pagode im Japanischen Garten, Westpark München, 81373 München
- ÖPNV: U6, Haltestelle Westpark; Bus 63, Haltestelle Hinterbärenbadstraße; ca. 8 Min. Fußweg

Moorabenteuer

50 Die Kendlmühlfilzen in Grassau

Sanft erhebt sich die Sonne über den schroff aufragenden Zacken der Kampenwand. Die ersten Strahlen des Tages hüllen die Welt in pastellfarbenes Licht und zeichnen alle Strukturen eine Nuance weicher. Starr wie schwarze Skulpturen ragen Birken aus den wabernden Nebeln des Moores empor. Hier zwitschert ein Vogel, dort schreckt ein Reh durch den sumpfigen Untergrund. Ein Gefühl von Ruhe breitet sich aus, während der Tag ganz leise über der Kendlmühlfilzen zwischen Grassau und Bernau beginnt.

Fast gemütlich kann man den hölzernen Aussichtsturm am „Ewigkeitsweg“ nennen, auf dem sich himmlische Augenblicke mit einer Thermoskanne Kaffee in der Hand erleben lassen. Im Jahr 1992 wurde das größte zusammenhängende Hochmoor Süddeutschlands unter Naturschutz gestellt. Entstanden ist dieser Lebensraum für wahre Überlebenskünstler während der letzten Eiszeit. Gletscher, die den Chiemsee schufen, sorgten beim Verlanden für riesige Schwemmländereien, auf denen sich Moore, bayerisch „Filze“, bilden konnten.

Auf den beiden Moorrundwegen heißt es eintauchen in die stille Landschaft mit weiten Moorflächen und Waldstücken. Knapp 1 Millimeter pro Jahr wächst ein Moor. Es bindet schädliches CO_2 und bietet trotz schwerer Lebensbedingungen verschiedenen Pflanzen und Tieren eine Heimat. Ob der fleischfressende Sonnentau oder die Große Moosjungfer-Libelle, sie alle haben sich an saure Böden und Nahrungsmangel angepasst.

Am Rand des Naturschutzgebietes zwischen Chiemsee und Chiemgauer Alpen liegt das Museum Torfbahnhof. Heute ist das ehemalige Torfwerk ein liebevoll von Ehrenamtlichen betreutes, spannendes Industriedenkmal. Während der Öffnungszeiten von April bis November schnauft Lok Molli über das ehemalige Werksgelände.

TIPP

Das historische Klaushäusl beherbergt mit dem Museum Salz & Moor zwei Museen, Sonderausstellungen und ein Café.

● Kendlmühlfilzen, Klaushäusl 9, 83224 Grassau
● ÖPNV: Bus 9506, 9586, Haltestelle Klaushäusl Museum Salz + Moor

Wellness mit Geschichte

51 Außergewöhnlich entspannen im Dorfbad Tannermühl

Die Magie des Augenblicks genießen und einfach mal die Zeit vergessen – das Dorfbad Tannermühl in Bayerischzell macht es möglich. Ein Ort, an dem die Zeit stehen bleibt. Ein Ort wie vor 100 Jahren, ohne die Hektik von heute. Schon wenn man das historische Gebäude betritt, fühlt man sich in die Vergangenheit versetzt. Der Duft von Wald und Leder steigt in die Nase und der Blick fällt auf altes Holz, aus dem einst Stadeln erbaut waren. Der ganze Ort strahlt warme Behaglichkeit aus und lädt ein, sich ganz der Entschleunigung hinzugeben. Damit die Zeit wirklich keine Rolle spielt, wurde auf Uhren im Wellnessbereich verzichtet.

Maximal 15 Gäste können in der urigen Mühle gleichzeitig entspannen, zum Beispiel im wunderbar gemütlichen Kaminzimmer, einem behaglichen Ruheraum mit einladenden Ledersesseln und offener Feuerstelle. Auf einer 150 Jahre alten Hobelbank, die zur professionellen Massageliege umgebaut wurde, wird es entspannend für alle Muskeln und eine Altholz-Stadl-Sauna lockt zum erholsamen Schwitzen. Das Herzstück des Dorfbads sind allerdings die beiden Sprudelwannen unter freiem Himmel. Direkt neben einem 8 Meter hohen Wasserfall versinkt man im wohlig warmen Nass, lauscht dem stetigen Rauschen und spürt das klare Bergwasser erfrischend ins Gesicht sprühen. Wer eine eiskalte Abkühlung sucht, kann in der steinblauen Gumpe eintauchen, in die sich der Wasserfall ergießt.

Die atemberaubende Naturkulisse und die historische Atmosphäre verbinden sich in der Tannermühle zu einem Gesamtkunstwerk voller genussvoller Entschleunigungsideen. Im Stil eines alten Bauernstadels ist ein rustikales Wellnessbad entstanden, das der bewegten Geschichte der wildromantischen Mühle ein neues Kapitel hinzufügt. Eine Volkssage erzählt, dass im 11. Jahrhundert zwei Eremiten in einer Höhle neben dem Wasserfall lebten. Später war die Mühle Heimat für Handwerker und Schauplatz diverser Filme. Kein Wunder also, dass an einem solchen Ort die Zeit plötzlich ganz zeitlos wird und sich jede Minute wie eine herrlich entspannte Ewigkeit anfühlt.

- Dorfbad Tannermühl, Tannermühlstraße 23, 83735 Bayrischzell, Tel. (01 72) 5 68 56 98, www.almbad.de/tannermuehl
- ÖPNV: BRB RB55, Bahnhof Bayrischzell, ca. 10 Min. Fußweg

Ins Blaue hinein

52 SUP-Yoga auf dem Chiemsee

Wie beschreibt man das Unbeschreibliche? Wie lässt sich ein Ort in Worte fassen, der sich fast unmerklich ins Herz schleicht und auf seine ganz eigene Art und Weise zum Staunen anregt? Glänzend türkis schimmert das Wasser, grün leuchtet die Herreninsel vor schroff aufragenden Berggipfeln, die wie inszeniert hinter der königsblauen Kulisse aufblitzen. Am westlichen Chiemsee, unweit von Prien, liegt ruhig in der Sonne eine fast 6000 Quadratmeter große Liegewiese, die ganzjährig frei zugänglich diesen traumhaften Ausblick mit teils entspannenden, teils sportlichen Wasseraktivitäten vereint.

Hier verzaubert das Chiemseer Wasserleuchten, Alltagsstress ist an diesem Ort ein Fremdwort. Auf dem SUP stehend lassen sich schöne Buchten bei einer gemütlichen Seetour entdecken. Körper und Geist finden Einklang bei individuellen Yoga-Einheiten mitten in der Natur. Sanft schaukelt das Board auf kleinen glitzernden Wellen, während es einiges an Gleichgewicht erfordert im „Herabschauenden Hund" den Sonnenuntergang zu genießen. Nur Ruhe? Fehlanzeige. Es geht auch sportlich anspruchsvoll und actiongeladen. Ob Neueinsteiger, fortgeschrittener Stand-up-Paddler oder Boardsportler, alle kommen hier auf ihre Kosten. Regelmäßig vermitteln Workshops Grundlagen und nachhaltiges Knowhow. Effektive Tipps fördern die Sicherheit auf dem Wasser und helfen dabei, die eigenen „Skills" auf dem Board zu erweitern. Spaßig wird es, wenn SUP-Polo ins Spiel kommt. Glücklicherweise bietet der Badeplatz mit Umkleiden, Duschen sowie einem Restaurant mit Beachvolleyballfeld und Spielplatz alles, was man für einen ruhigen Tagesausklang braucht.

Dieser blaue Glücksort beflügelt und hebt einen auf ein neues Erlebnislevel. Ohne Mast flitzen bunte Wings, ähnlich dem Kitesurfen, schon bei leichtem Wind über den See. Ob erste Annäherungen ans Wingsurfen oder bereits waghalsige Manöver, ob Einsteiger, spezielle Kurse oder einfach nur Zuschauer an Land, das coole Team an diesem unbeschreiblichen Platz zaubert jedem ein Lächeln ins Gesicht.

● SUP-Station, Badeplatz Schraml, Harrasser Straße 39, 83209 Prien am Chiemsee
● ÖPNV: Bus 9424, Haltestelle Harrasser Straße/Badeplatz

10'8"x33"
iGO
STARBOARD

Mit steter Kraft

53 Am Ammerdurchbruch Scheibum

Mit gewaltiger Kraft hat sich die Ammer zwischen Altenau und Peißenberg vor ungefähr 120.000 Jahren ein eindrucksvolles Bett gegraben. Ein Spaziergang entlang des Ammerbruchs ist wie ein Streifzug durch eine andere Welt. Die reiche Flora und Fauna lassen einen die Sorgen des Alltags vergessen und in eine Welt eintauchen, in der der Duft von wilden Blumen die Luft erfüllt und das Zirpen der Grillen die Stille durchbricht. Man findet hier eine Oase der Ruhe, in der man die Natur in ihrer reinsten Form erleben kann.

Nahe Bad Saulgrub und damit nur 15 Kilometer von seinem Geburtsort im Graswangtal entfernt, hat der türkisblaue Fluss einen gigantischen Felsdurchbruch geschaffen. Bereits seit 1953 steht die 600 Meter lange und bis zu 60 Meter tiefe Scheibum, wie die Engstelle heißt, unter Naturschutz. Beeindruckend, wie die verschiedenen Gesteinsschichten aus Mergel- und Sandstein, natürlichem Kalkstein und Schiefer durch den stetigen Fluss des Wassers freigewaschen wurden.

Der Ammerbruch ist aber nicht nur ein visueller Genuss, sondern auch ein Ort des Lauschens und des Fühlens. Das leise Rauschen des Flusses, das sanfte Wiegen der Gräser im Wind und das Zirpen der Vögel geben dem Ammerbruch eine Stimme. Sie erzählen eine Geschichte von Vergänglichkeit und ewigem Wandel und laden dazu ein, innezuhalten und die kleinen Wunder der Natur zu entdecken. Wie passend, dass die Scheibum Teil des Ammergauer Meditationswegs ist und als Ruhe- und Kraftort gilt. Wie Balsam für die Seele fühlt es sich an zwischen silbrigen Felswänden mit Blick auf das türkisblaue Wasser zu sitzen, der Natur zu lauschen und die eigene Wahrnehmung zu schärfen. Der Ammerdurchbruch ist ein Ort voller Zauber, der durch die Kraft des Wassers Stress und Hektik des Alltags in Vergessenheit geraten lässt.

TIPP

Das historische Wirtshaus Acheleschwaig auf dem Weg nach Scheibum war ehemals größter Klosterbetrieb des Ettaler Klosters.

● Ammerdurchbruch Scheibum, 82409 Wildsteig

Endlich unplugged!

54

Die Matador Lodges nahe dem Chiemsee

Psst, zu laut sollte man es besser nicht sagen, denn die Matador Lodges sind der ideale Ort, um zur Ruhe zu kommen. Zeit alleine mit sich oder dem Lieblingsmenschen zu genießen. Wellness light im gemütlichen Saunahaus, Natur spüren und beim Digital Detox den Luxus erleben, endlich unplugged zu sein.

Absolut durchdacht und mit modernem Charme eingerichtet ist das private kleine Ferienhaus, ein perfekter Zufluchtsort mit Ruhegarantie. Dabei bietet das gesamte Gelände des Design- und Boutique-Hotels eine wunderbare Mischung aus einer geschichtsträchtigen Villa, dem luftigen Baumhaus und zwei zauberhaften, in dezentem Grau gehaltenen Wasserhäuschen, alles liebevoll um einen kleinen See gruppiert. Hohe Bäume, in denen irgendwo ein deutlich zu vernehmender Kuckuck seinen Wohnsitz hat, spenden angenehmen Schatten auf der großzügigen Liegewiese. Das leise Plätschern des Wassers im Chor mit ein paar quakenden Fröschen wirkt wie ein Gutenachtlied. Dabei ist es zum Schlafen fast viel zu schön hier. Eine komplette Küche mit zauberhaftem Keramikgeschirr und hochwertigen Geräten lässt keine Wünsche offen, sollte man kochen wollen. Warm umschmeichelt dunkles Holz jeden Schritt, den man zwischen dem gemütlichen Sofa und dem samtigen Sessel vor der bodentiefen Glasfront mit direktem Teichblick macht. Offen und doch gemütlich verwinkelt, klar und doch mit Liebe urig verspielt. Denn der Stil ist eine Mischung aus alten, über die Jahrzehnte gesammelten Einzelstücken und neuem, funktionalem Design. Irgendwann geht es dann doch ins wolkenweiche Bett, das – dreht man sich ans Fußende – mit einem wunderschönen Blick in den Himmel aufwartet. Der großartige Korb, gefüllt mit allen erdenklichen Leckereien, macht das Frühstück im Bett perfekt. Im Anschluss geht es raus in die Natur mit genussvollen Ausflügen rund um den Chiemsee.

TIPP

Auch Hochzeiten lassen sich im ehemaligen kreativen Mittelpunkt eines Modelabels feiern.

● Matador Lodges, Chieminger Straße 17, 83355 Grabenstätt, Tel. (0 86 61) 9 83 30
www.matador-lodges.com

● ÖPNV: Bus 9509, 9520, 9586, Haltestelle Marktplatz Grabenstätt, ca. 8 Min. Fußweg

Tegernseer Badekult

55

Im Strandbad Kaltenbrunn

Gemütlich zwischen dem schattigen Grün der alten Bäume sitzen, auf das sommersonnentageblaue Wasser des Tegernsees schauen und damit kleine Fluchten aus dem Alltag genießen. Das vielen noch unter dem Namen „Vipa“ bekannte Strandbad ist ein wahrer Logenplatz mit freiem Blick über den in der Sonne glitzernden Tegernsee. An warmen Tagen gibt es dazu die obligatorischen Freibad-Pommes und ein leckeres Eis. Eintritt frei und doch bestens mit allem versorgt sein, heißt es am kleinen Strandbad und Café Kaltenbrunn. Hier finden sich neben Duschen im Freien und Umkleidekabinen auch kostenfreie Toiletten. Eingebettet zwischen den im seichten Wasser dümpelnden Booten der Segelclubs ragt mutig ein hölzerner Steg ins Wasser. Kaum breit genug, um bei Gegenverkehr aneinander vorbeizukommen, gibt er den ungehinderten Ausblick vom Tegernseer Nordufer auf Wallberg und Co. frei.

Elitäre Orte besitzt der Tegernsee so einige. Hier an der Nordspitze geht es dagegen eher ruhig zu. Die Preise sind erträglich, die Pommes großartig und neben einer von Sonne und Schattenplätzen durchzogenen Liegewiese bietet der kiesige Strand ungehinderten Zugang ins seichte Wasser. Unter den Schirmen sitzt es sich lauschig an Tischen oder ganz unkonventionell auf rudimentär erbauten Palettenmöbeln am Ufer. Ob segelnd, schwimmend oder ruhig mit dem SUP paddelnd, fast unweigerlich entstehen strahlende Glücksmomente, die mit See(h)nsucht fluten. Ein Ort, der sich zu jeder Jahreszeit genießen lässt. In der warmen Jahreszeit verführt er zum Schwimmen im kühlen Nass. Steigen wabernd die Nebel im Herbst aus dem graublauen Wasser empor, färben die Blätter einen bunten Rahmen oder klirren kleine Eiszapfen im winterlich unteren Schilfende. Unzählige zauberhafte Fotomotive warten hier darauf, entdeckt zu werden.

TIPP

Für den Sundowner am See weiter zum Gut Kaltenbrunn spazieren, Kaltgetränk und Strandkorb schnappen und genießen.

- Strandbad & Café Kaltenbrunn, Kaltenbrunn 1, 83703 Gmund, Tel. (0 80 21) 2 08 32 22
- ÖPNV: BRB RB57, Bahnhof Gmund, ca. 15 Min. Fußweg

Glück steckt im Detail

56 Das Kloster der Fraueninsel im Chiemsee

Hektisch und schnelllebig ist die Welt um uns herum. So erscheint das Streben nach Glück oft wie eine unerreichbare Aufgabe. Ob man ausgerechnet an einem Ort, der sich gerne in den Reigen der bekannten Tourismusziele einreiht, einen Glücksort findet? Glück lässt sich nicht erzwingen oder aktiv erreichen. Räumt man ihm jedoch einen Platz frei, dann lässt es sich gerne nieder. Doch wie? Glücklichsein ist selten eine Frage der Umstände als vielmehr der Einstellung. Ein wichtiger Aspekt ist das bewusste Eintauchen ins Hier und Jetzt. Dinge wirklich tun, indem man sie bewusst tut. Runterfahren, spüren und erfahren. Setzt man seinen Fuß auf das kleine Eiland mitten im Chiemsee, scheint es, als sei man angekommen. Hier auf der Fraueninsel gehen die Uhren anders. Sie gilt, nach Herrenchiemsee, als die zweitgrößte der drei Binnenseeinseln im Bayerischen Meer. Mit gerade mal 50 Häusern und 300 Einwohnern stellt die autofreie 15 Hektar große Fraueninsel Bayerns kleinste politische Gemeinde. Dabei ist es nicht nur die Größe, in der sich die lebendige, inspirierende kleinere Insel von der königlichen Herreninsel unterscheidet. Kunst und Handwerk führen hier in kleinen Ateliers neben dem Kloster ein beschauliches Dasein. Zumindest so lange, bis die Chiemseeschifffahrt das romantische Kleinod mit Touristen flutet. Fernab des Trubels, ganz ursprünglich, bietet Kloster Frauenwörth Übernachtungen im Gästehaus. Zeit zum Sein, zum Sichselbst-Spüren und -Fühlen. Inmitten der Klostermauern diente der Klosteranger in früheren Jahren dem Anbau von Gemüse und Kräutern. Schrittweise wurde ab Mitte der 1980er-Jahre ein liebevoll angelegter Obst- und bunter Blumengarten renaturiert, der sich im milden Klima der Insel zu einer wahren Augenweide entwickelt hat.
Es ist der Blick auf die unverrückbaren Chiemgauer Berge hinter der Weite des blauen Sees, der diesem Ort eine ganz besondere Ruhe zuteilwerden lässt. Das Kloster auf der Fraueninsel ist ein Glücksort der erdet, im Hier und Jetzt bei sich sein lässt und Platz freiräumt, damit sich das Glück niederlassen kann.

● Abtei der Benediktinerinnen Frauenwörth im Chiemsee, Frauenchiemsee Nr. 50, 83256 Frauenchiemsee, www.frauenwoerth.de

Unaufgeregt schöne Auszeit

57

Der Erlebnispfad Lebensader Maisach

Als Naturraumgrenze zwischen der Münchner Schotterebene auf der einen und dem Donau-Isar-Hügelland auf der anderen Seite schlängelt sich fast geräuschlos die Maisach durch landwirtschaftlich genutzte Auen. In welche Richtung man den 2,5 Kilometer langen, barrierefreien Naturweg zwischen den Ortschaften Günding und Bergkirchen geht, ist Geschmackssache und eher abhängig davon, wie der Rückweg gestaltet werden soll. An Werktagen unterstützt ein Bus oder man geht denselben Weg retour.

Langweilig wird es ganz sicher nicht. Zwischen gemütlichen Bänken, die Ruhe mit direktem Bachblick gewähren, finden sich elf Stationen. Mal wird es spannend mit dem Märchen des Wasserhackl, der gut versteckt in der Maisach wohnt, mal wird es lehrreich in Sachen Wasserkraft, Kunst und Kirchen. Das flache Maisachufer bietet vielen Insekten einen Lebensraum, wie beispielsweise der Köcherfliege. Auch die zwischen Mai und Juni gelb leuchtend blühende Sumpfschwertlilie fühlt sich im feuchten Auengebiet sichtlich wohl. Wie auch ein etwa 1,30 Meter langer, brauner Baumeister. Mit etwas Glück trifft man den Biber bei der Arbeit an seiner Biberburg an. Wirkungsvoll gestaltet er seine Umgebung und gibt der Landschaft ein neues, natürlicheres Gesicht.

So entspannt die Augenblicke am Wasser sein können, auch sportlich darf es am Erlebnisweg werden. Unterschiedliche Mitmach-Stationen fordern mal die kreative, mal die aktive Ader bei kleinen und großen Kindern heraus. Balance ist gefragt, während der Blick auf der historischen Steinbrücke ruht. Am Barfußpfad steht das Feingefühl der Füße im Vordergrund. Auf ganz natürliche Art wirkt der Weg entlang der Lebensader Maisach ausgleichend auf alle Konsum-Poeten, die sich mehr Ruhe zwischen Off und On wünschen.

TIPP

Die Kirche St. Vitus in Günding steht erhaben auf einem kleinen Hügel und bietet einen schönen Rundumblick.

- Erlebnispfad Lebensader Maisach, Römerstraße, 85232 Bergkirchen
- ÖPNV: Bus 721, Haltestelle Bergkirchen, Römerstraße (nur werktags)

Sprudelnde Quelle

58 Am Grünen Topf in Kipfenberg

In der Nähe des geografischen Mittelpunkt Bayerns, der im Herzen des Naturparks Altmühltal liegt, sprudelt aus einem Berghang munter eine Karstquelle. Gut 140 Liter klares Grundwasser wird hier innerhalb einer Sekunde in den „Grünen Topf“ emporgefördert. Umgeben von alten Laubbäumen liegt dieser flache, wie ein kleiner See anmutende Quelltopf am Fuß eines Felsens. Auf der Wasseroberfläche glänzen Lichtreflexe wie kostbare Perlen und schicken die Gedanken in eine andere Welt. Kein Wunder, dass man an dieser romantischen Naturoase einander das Ja-Wort geben kann – ein Trau(m)ort in wunderschöner Atmosphäre des grün-blau schimmernden Quells. Ruhe und Erholung bietet das gesamte Areal. Neben hölzernen Sitzgelegenheiten sprudelt munter das Wasser durch sein steinernes Bett, bevor es nach wenigen Hundert Metern in die Altmühl fließt. Kraft, die bereits früh zum Antrieb von drei Mühlen genutzt wurde. Einerseits zur Glasschleiferei, andererseits zur Herstellung von Holzwolle, aber auch als Wassermühle. Noch heute ist der „Grüne Topf“ Ausgangspunkt für genussvolle Wanderwege, wie beispielsweise den Mühlenweg, eine Schlaufe des aussichtsreichen Altmühltal-Panoramawegs.

Wandern macht hungrig. Kurz bevor das Karstwasser die Altmühl erreicht, fließt es entlang bayerischer Gastlichkeit und rustikaler Gemütlichkeit beim Blauen Hecht. Ob bodenständig speisen oder gemütlich im kleinen Hotel vom Alltagsstress abschalten – wohlfühlen und genießen, das trifft ganz sicher auf den Blauen Hecht zu. Vor dem Zubettgehen lohnt noch ein kurzer abendlicher Wassermarsch, um ganz nach der Kneipp'schen Lehre gut zu schlafen. Bekanntlich regt ein kaltes Armbad morgens den Kreislauf an und wirkt wie ein Espresso, abends hingegen beruhigt ein Fußbad und sorgt für ruhigen und entspannten Tiefschlaf.

TIPP

Auf Burg Kipfenberg zeugen der Limeswachturm und das Römer & Bajuwaren Museum von der römischen Vergangenheit.

- Zum Blauen Hecht und Grünen Topf, Irlahüller Weg 2, 85110 Kipfenberg-Grösdorf
- ÖPNV: Bus 9223, 9237, Haltestelle Kipfenberg, Parkplatz, ca. 20 Min. Fußweg

Salz trifft Wasser

59 Soleleitungsweg und Salinenpark in Traunstein

Ist Salz heute zu einem gewöhnlichen Alltagsprodukt geworden, wurde es lange als „weißes Gold“ gehandelt. Glücklich, wer reiche Vorkommen dieses begehrten Minerals unter seinen Bergen hatte, wie das Salzbergwerk Berchtesgaden. Seit 1517 wurde hier, im ältesten aktiven Bergwerk Deutschlands, mittels Süßwasser Salz aus dem Gestein gelöst und über den Soleleitungsweg zur Weiterverarbeitung gepumpt. Um aus Sole Salz zu gewinnen, benötigte man Holz als Energielieferant. Eine Pipeline musste her, um die Sole zum Holz zu befördern. Mittels hohlgeborter Baumstämme und dank mit Wasserkraft angetriebener Pumpen sprudelte 148 Jahre Sole von Berchtesgaden über die Saline in Bad Reichenhall durch die Soleleitung, die älteste Pipeline der Welt, bis nach Traunstein. Auch wenn zu Beginn des 19. Jahrhunderts eine neue, noch immer aktive Leitung gebaut wurde, auf den historischen Solespuren lässt sich noch heute idyllisch wandern und Wissenswertes erleben.
Insgesamt betrachtet ist der Salzalpensteig ein Weitwanderweg auf den Spuren des Alpensalzes. Nach gut 230 Kilometern endet er im österreichischen Salzkammergut. Viele einzelne, gut ausgeschilderte Salzalpentouren eignen sich für entspannte Tageswanderungen. Einer der wohl schönsten Abschnitte führt von Berchtesgaden nach Bad Reichenhall. Ein kurzer begehbarer Tunnel und Holzröhren, sogenannte „Deicheln“, durch die ehemals die Sole floss, präsentieren sich als beeindruckende Zeugen der Vergangenheit. Neben herrlichen Ausblicken in die Umgebung bietet der Weg mit der Amalienkapelle, dem Thumsee und dem Seerosenteich Seemösl traumhaft schöne Orte zum Innehalten und Genießen. Es geht hinunter in den Nesselgraben und weiter zur Weißbachschlucht. Bei jedem Wetter zaubern unterschiedliche Lichtverhältnisse eine ganz eigene Stimmung in die Umgebung. In der Inzeller Filze startet der letzte Abschnitt, der, vorbei am Salinendenkmal und der historischen Wassermühle, bis in den direkt an der Traun in Traunstein gelegenen Salinenpark führt. Atemberaubende Aspekte haben alle Abschnitte, jetzt bleibt nur die Qual der Wahl, welche Ecke als Erstes erkundet werden soll.

● Salinenpark Traunstein, Kohlbrennerstraße 2, 83278 Traunstein
www.traunstein.de/stadtentwicklung-wirtschaft/stadtentwicklung/salinenpark/
● ÖPNV: Bus 9439, 9444, 9515, 9518, Haltestelle Karl-Theodor-Platz

Gut fürs Klima

60 Das Spatenbräufilz bei Thanning

Irrlichter und wabernde Nebelschwaden – düstere Legenden ranken sich um diese mystische Landschaft, die noch nicht Land, aber auch nicht mehr Wasser ist. Nahezu unwirklich und geheimnisvoll erscheinen die Moore vor allem zwischen Herbst und Winter. Nicht verwunderlich, stammen die Filze der Tölzer Moorachse doch aus der Verlandung großflächiger Geländemulden der letzten Eiszeit. Pflanzenreste konnten sich aufgrund von Sauerstoffabschluss nicht vollständig zersetzen und bildeten Torf. Bis in die 1960er-Jahre wurden große Teile des Hochmoores durch Entwässerung und Torfabbau ausgetrocknet und zerstört. Renaturierungsmaßnahmen streben seit 1995 die Wiedervernässung an, um ein wichtiges Glied der rund 30 Kilometer langen Kette aus Mooren von München bis zum Kochelsee zu schützen und zu erhalten. Ein wichtiges Klimaschutzprogramm, da Moore große Mengen Kohlenstoff binden.

Bizarr ragen weiße, teils versunkene Birkenstämme, umgeben von Nebelschleiern, in den endlos erscheinenden grauen Himmel. Starke Temperaturschwankungen zwischen Tag und Nacht bieten extreme Lebensbedingungen für eine hochspezialisierte Tier- und Pflanzenwelt. So ist das Überleben des weißen Wollgrases ebenso mit einem intakten Moor verbunden wie das des Torfmooses, des Sonnentaus oder seltener Libellen wie der stark gefährdeten Großen Moosjungfer. Regelmäßig bieten Bänke gemütliche Orte für kleine Momente der Vollkommenheit. Mal ist es der Blick auf blau schimmernde Wasserflächen, mal das leise Blätterrauschen in luftigen Baumkronen. Regelmäßig lassen sich auch die vierbeinigen Naturschützer antreffen. Wie laufende Pullover muten die Moorschnucken an, wenn sie auf den nassen Böden der Verbuschung hungrig entgegenwirken. Das Moor ist ein mystischer Ort, der einen vielleicht aufgrund seiner langen Geschichte ein Stück entspannter, dafür aber glücklicher werden lässt.

TIPP

Eine gemütliche Rundwanderung entlang der Thanninger Weiher führt durch die Spatenfilze.

- Spatenbräufilz, 82544 Egling
- ÖPNV: Bus 271, 377, Haltestelle Thanning

Magisches Atlantis

61 Sylvensteinstausee und Walchenklamm im Isartal

Hoch ragen die Berge mit ihren weißen Gipfeln über dem fjordartigen See auf. Immer schmaler wird das blaue Band, bis es sich zu einer wildromantischen Klamm verengt. Fast fühlt man sich ein wenig nach Norwegen versetzt, wenn der Blick über Sylvensteinstausee und Walchenklamm schweift. Besonders zauberhaft ist der Anblick bei Sonnenaufgang, wenn die ersten Strahlen der Sonne durch die Nebelschwaden scheinen und das leise Zwitschern der Vögel ertönt.
Doch anders als die norwegischen Fjorde ist der Sylvensteinsee kein natürliches Gewässer, sondern von Menschenhand erschaffen. Im Jahr 1959 wurde der 44 Meter hohe Sylvensteindamm erbaut, um die oft reißende Isar zu stauen. So sollten tiefer gelegene Orte vor Hochwasser geschützt und Dürrezeiten im oberen Isartal ausgeglichen werden. Das Wasserkraftwerk produziert zudem jedes Jahr etwa 16,4 Millionen Kilowattstunden – damit können über 4000 Haushalte mit Strom versorgt werden.
Was für Teile der Bevölkerung also große Vorteile brachte, bedeutete für andere einen Abschied, denn für den Bau des Staudamms musste das kleine Örtchen Fall weichen. Einst ein beliebter Urlaubsort für prominente Jagdfreunde wie Ludwig Ganghofer, Ludwig Thomas oder Ludwig II., wurde es 1959 zu einer Art Atlantis des Tölzer Landes. Das ganze Dorf wurde umgesiedelt und ein paar Hundert Meter weiter oberhalb neu erbaut.
Heute ist der Sylvensteinsee vor allem ein Ort, um in herrlicher Landschaft zu entspannen. Auf dem Weg von Lenggries Richtung Achensee folgt man der Straße über die Staumauer und trifft nach wenigen Kilometern rechter Hand auf einen kostenpflichtigen Parkplatz. Fußläufig geht es dem Radweg folgend durch üppig grünen Mischwald, bis rechts unten munter das Wasser durch eine felsige Schlucht gurgelt. Umgeben von magischer Natur kann man hier gemütlich den Tag am kühlen Wasser verbringen. Wer mehr Bewegung sucht, wandert, badet oder erkundet die faszinierenden Farben des Sees an ruhigeren Stellen mit dem SUP.

● Sylvensteinstausee und Walchenklamm, 83661 Lenggries-Fall

Seenliebe mit Bergblick

62

Entspannen am Spitzingsee

Sanft schimmert der sich auf der Wasseroberfläche spiegelnde Gipfel der Brecherspitz. Historische Landkarten verzeichnen den größten Hochgebirgssee Bayerns noch als „Stumpf See“, heute kennt man ihn unter dem Namen Spitzingsee. Gelegen ist der kristallklare See auf einer Höhe von 1084 Metern südlich des Spitzingsattels in den Schlierseer Bergen und somit im Mangfallgebirge. Zu jeder Jahreszeit lädt dieser Glücksort zum Träumen und Verweilen ein. Während man hier im Winter ein modernes und schneesicheres Skigebiet findet, bietet der gemütliche Uferrundweg in den warmen Monaten auf 3 Kilometern Länge entspannte Auszeitmomente. Bei schönem Wetter glitzert das Wasser, als würden unzählige Diamanten darauf schwimmen.

An der nördlichen Seespitze stellt sich die Frage: Wandern wir noch genussvoll ein Stück hinab ins Tal der Roten Valepp? Das Blecksteinhaus bietet sich für eine Pause mit zünftiger Brotzeit an. Unterhalb der gemütlichen Einkehr wird am kleinen Wasserkraftwerk der Blecksteinstufe grüner Strom erzeugt. Zurück führt der asphaltierte Weg direkt vorbei an der für ihren legendären Kaiserschmarrn berühmten Albert-Link-Hütte. Einfach schön, an diesem besonderen Traumplatzerl umgeben von Berggipfeln und zwitschernden Vögeln die Sonne zu genießen.

TIPP

Alpenländisch lässig ist die Alperie in Schliersee ein Treffpunkt für Lieblingsmenschen.

Zurück am See werden Leichtmatrosen gerne zum Kapitän und schippern sanft über die Oberfläche gleitend im Ruder-, Tret- oder Elektroboot über das Wasser. Alternativ bieten sich ruhige Kutschfahrten oder ein Sundowner auf der Liegewiese am Freibad an, um den Tag gemütlich ausklingen zu lassen.

Wo man heute von Neuhaus bis an die Watzingeralm der Spitzingstraße folgt, verlief früher übrigens eine Bahnlinie der besonderen Art. Auf einer Strecke von 12 Kilometern wurde mithilfe von Aufzügen und sogenannten Bremsbergen Holz über beträchtliche Höhenunterschiede transportiert. An diese technische Meisterleistung erinnert heute nur noch der Bockerlbahnweg, der sich wunderbar nahe dem Josephstaler Wasserfall erwandern lässt.

- Spitzingsee, 83727 Spitzingsee
- ÖPNV: Bus 362, Haltestelle Spitzingsee, Kirche

Moorige Ruhe

63 Am Haslacher See

Die Zeit rennt, Deadlines nagen am schlechten Gewissen und an jeder Ecke soll man sein. Im Alltag bleibt kaum eine ruhige Minute, wenn man sich diese nicht aktiv nimmt. Wie wäre es da mit einer Auszeit am Wasser? Vor traumhafter Kulisse, am Fuß des Auerbergs, umgeben von saftiggrünen Wiesen in der sanft hügeligen Landschaft des Pfaffenwinkels glitzern helle Schaumkronen auf dem Wasser. Idyllisch breitet sich der Haslacher See nördlich von Bernbeuren aus. Wer am sanft abfallenden Bade- und Uferbereich auf der großzügigen Wiese liegt, blickt genüsslich über das bräunliche Wasser, auf das unbegehbare moorige Ufer auf der nord-westlichen Seeseite bis hinauf auf die markante 1055 Meter hohe Erhebung des Auerbergs. Völlig entspannt stolziert ein Graureiher durch dichtes Schilf, was nicht mal die munteren Enten stört, die ihren Se(e)hnsuchtsort gefunden zu haben scheinen. Entstanden ist der etwa 35 Hektar große Natursee durch den Rückzug der Gletscher nach der Eiszeit. Senken und Moore blieben zurück und bieten heute Erholungssuchenden moorige Momente. Die geringe Tiefe von maximal 4 Metern sorgt für eine schnelle Erwärmung im Sommer auf angenehme 23 Grad Wassertemperatur. Ebenso zügig geht es im Winter, wenn der See zufriert, um dann zum beliebten Treffpunkt für Eisläufer und Stockschießer zu werden.
Bestens ausgestattet bietet der kleine Kiosk am Strandbad im Sommer neben Umkleidekabinen und WC alles, was man für einen glücklich machenden Badetag braucht. Sollte die Liegewiese des Strandbads zu feucht sein, ein hölzerner Badesteg eignet sich perfekt, um die Füße im Wasser baumeln zu lassen.
Das Strandbad ist die einzige Bademöglichkeit im See, der Eintritt ist günstig. Genusswanderern und Golfspielern ist das Kleinod Haslacher See aber eher bekannt als Ruhe suchenden Schwimmern. Ein gut 7 Kilometer langer, gut auch mit Kinderwagen begehbarer Rundwanderweg führt direkt am See vorbei und auch der Golfplatz liegt nur wenige Meter entfernt.

- Haslacher See mit Strandbad, 86975 Bernbeuren
- ÖPNV: Bus 9821, Haltestelle Haslach Abzw. Burggen, ca. 10 Min. Fußweg

Einfach atemberaubend!

64 Rund um den Eibsee am Fuß der Zugspitze

Im tiefen Süden erstreckt sich felsig-schroff das Wettersteingebirge von Oberbayern bis nach Tirol hinein. Seine höchste Erhebung ist mit imposanten 2962 Metern Deutschlands markantester Berg, die Zugspitze, an deren Fuß das malerische Farbenmeer des Eibsees liegt. Ein See, geschürft dank einer eiszeitlichen Gletscherzunge, der mit seinem klaren, grünblau leuchtenden Wasser, kombiniert mit einem atemberaubenden Ausblick, seinesgleichen sucht. Breit ist die Palette der Aktivitäten am, im und um den traumhaften Bergsee. Doch weil die Region längst aus den Geheimtipp-Kinderschuhen entwachsen ist, kommt man am besten frühmorgens oder relativ spät am Tag, um Glücksmomente und Balsam für die Seele zu erleben.

Sommers wie winters verzaubert der 7,5 Kilometer lange Rundweg mit seinem Panorama. Die Zugspitze spiegelt sich im See, während bunte SUP-Boards auf dem glatten Wasser geräuschlos dahingleiten. Dies ist eine angenehme Möglichkeit, sich durch einen Archipel von acht kleinen Inseln zu bewegen, die wie verwunschen im See verstreut liegen. Steinerne Hinterlassenschaften eines massiven Bergsturzes vor rund 3500 Jahren. Rund um den See laden malerische Buchten zum Baden ein. Alternativ bieten schier unzählige Bänke überall Platz für ein gemütliches Picknick. Wer lieber etwas abseits unterwegs ist, findet auf der Runde süße Nachbarseen. Meist deutlich weniger besucht, bieten sie, wie beispielsweise der Frillensee am südlichen Eibseeende, ungehinderten Zugspitzblick. Ebenfalls im Süden befinden sich neben einem Hotel auch Gastronomie und diverse Verleihmöglichkeiten für unterschiedliche Boote.

Wer weiß, vielleicht lockt dann doch noch die Sehnsucht nach Gipfelglück. In rund 10 Minuten schwebt die Seilbahn nicht weit vom Eibsee entfernt mit ihrer bodentief verglasten Kabine gut 2000 Höhenmeter hinauf. Ein günstiges Vergnügen ist es sicher nicht, doch der Ausblick ist einzigartig.

TIPP

Mit der Zahnradbahn geht es von Garmisch-Partenkirchen direkt an den Eibsee oder hinauf auf die Zugspitze.

- Eibsee, 82491 Grainau
- Infos zur Zugspitze: www.zugspitze.de
- ÖPNV: Bus 9840, Haltestelle Eibsee

Mit klopfendem Herzen

65 Alpakawanderung an der Weissach in Rottach-Egern

Große Augen, flauschiges Fell und ein sanftes Wesen. Mit diesen Eigenschaften bringen Alpakas fast jedes Herz zum Schmelzen. Ursprünglich sind diese faszinierend ruhigen Tiere in Südamerika in den Anden beheimatet und werden dort besonders wegen ihrer wertvollen Wolle geschätzt. Genau zwischen dem Blau des Tegernsees und dem waldigen Grün des Wallbergs liegt der historische Bauernhof „Zum Hausmann". Ein Fleckchen Erde, auf dem friedliebende Anden-Kamele ein neues Zuhause gefunden haben. In direkter Nachbarschaft mit Kühen und Schafen schließen sie schnell auch mit zweibeinigen Besuchern Freundschaft. Schnell wird klar: Von sanftmütig bis stolz, neugierig bis schüchtern, jeder der charismatischen Paarhufer hat seinen ganz eigenen Kopf. Neugierig werden die Besucher gemustert. Anfängliche Berührungsängste verfliegen schnell auf beiden Seiten, wenn es gemeinsam mit Besitzerin Karin ins Gehege geht. Man macht Bekanntschaft mit den lustigen Lauten, mit denen die Tiere kommunizieren, und erfährt spannende Dinge über die Vorlieben und worauf es im Umgang mit den flauschigen Vierbeinern zu achten gilt.
Eine Begegnung mit diesen wunderbaren Tieren wirkt wie Balsam für die Seele. Rasch verfliegt auch noch der letzte Rest des Alltagsstresses. Was sie wollen, ist einzig, respektiert und akzeptiert zu werden. Bei einem Alpaka-Date an diesem Glücksort ist das Lächeln ein garantierter Begleiter, auch wenn schnell klar wird: „Alpakas gehen mit uns spazieren und nicht wir mit den Alpakas." So weit, so gut, doch dass sich Alpakas auch im Wasser pudel- oder besser alpakawohl fühlen, ist eine eher unbekannte Tatsache. Gemeinsam mit ihren zweibeinigen Weggefährten genießen sie glücklich einen Abstecher in das kühle Wasser der Weissach.
In welcher Art man Zeit mit den zotteligen Neuweltkameliden verbringt, ob bei einem gemeinsamen Spaziergang in sehr gemütlichem Wandertempo zu einmaligen Aussichten, beim Yoga, einem gemeinsamen Foto-Shooting oder einfach nur mit den liebenswerten Wollnasen auf der Wiese sitzend, ein bleibendes Erlebnis ist es in jedem Fall.

● Zum Hausmann, Oberhof 2, 83700 Kreuth, Tel. (01 51) 28 33 89 13
www.zumhausmann.de
● ÖPNV: Bus 9550, Haltestelle Kreuth Naturkäserei, wenige Schritte zu Fuß

Bis zum Sonnenuntergang

66 Deutschlands längste Seepromenade in Herrsching

Sanft rauschen kleine Wellen über den See, lassen bunte Boote auf dem Wasser tanzen und verlaufen fast geräuschlos auf den weiten Uferflächen. Auch wenn der Himmel größtenteils bedeckt ist: Sobald ein Silberstreif am Horizont die Wolkenformationen durchbricht, schillern die glitzernden Streifen auf der Wasseroberfläche wie flüssiges Gold. Schnell hat die Stimmung durch die Weite und die wechselnden Lichtspiele etwas nahezu Unwirkliches.
Unwirklich wie die Feststellung, auf Deutschlands längster Seepromenade gemütlich unterwegs zu sein. Was in Paris der Eiffelturm, in Berlin das Brandenburger Tor oder in Wien der Stephansdom ist, ist in Herrsching die Promenade. Auf 8,5 Kilometern flanieren Einheimische und Touristen gleichermaßen direkt am Wasser entlang der Herrschinger Bucht. Mit dem Eis in der Hand aufs Wasser schauen, gemütlich am Kurschlösschen durch den Park schlendern oder die obligatorische Schifferlfahrt genießen. Am „Bauernsee", wie er liebevoll im Gegensatz zum königlichen Starnberger See genannt wird, lassen sich Sehnsuchtsorte direkt am Wasser hinter jeder Wegbiegung finden. Und noch dazu: Herrsching liegt am Ostufer des Ammersees, was ein Garant für traumhaft schöne Sonnenuntergänge ist.
Von mondän über alternativ, gehoben bis Strandkiosk, die passende Location für jeden Geschmack ist schnell gefunden. Schatten spendende Baumriesen im Kurpark laden ebenso zum Verweilen ein wie der große Badeplatz mit lauschigen Liegestühlen am Steg 1. Besonders in der Ferienzeit und am Wochenende ist es hier nicht gerade ruhig, doch dank des reichhaltigen Angebots von Kunstmärkten, Outdoor-Ausstellungen, Kulinarik und Chillout verläuft es sich abseits des Landungsstegs der Schiffe recht schnell.

TIPP

Eigenes Schloss auf Zeit? Das Kurparkschlösschen in Herrsching kann man direkt beim Kulturverein mieten.

- Seepromenade, 82211 Herrsching am Ammersee
- ÖPNV: S8, Bahnhof Herrsching

ORANGINA

Von lässig bis fein

67 Das Strandbad am Steinsee

Umgeben von Wald und Wiesen lädt der Steinsee im Sommer zum Baden, im Herbst zu wundervollen Streifzügen durch den bunten Blätterwald und in der kalten Jahreszeit zu Winterzauber am zugefrorenen See ein. Im Sommer spielen warme Sonnenstrahlen im dunklen Blätterdach der Bäume und zaubern weiche Schattenornamente auf die grüne Liegewiese. Wie eine kleine Oase liegt der Natursee mitten im Wald gerade einmal 23 Kilometer östlich von München.
Bis zu 26 Grad Wasserwärme laden ebenso zum Baden ein wie die optimale Wasserqualität. Entstanden als Relikt der Würm-Kaltzeit, hat ein Gletscher den Toteissee zurückgelassen, der sich zu einem der wärmsten Badeseen Bayerns entwickelte. Ein unterirdisches Becken aus sechs Quellen speist den See mit Trinkwasser. Der Steinsee ist ein sogenanntes Stillgewässer, dass sich ausgleichend auf das Klima auswirkt und in seinen Uferzonen der Tier- und Pflanzenwelt einen wertvollen Lebensraum bietet. Spaßig und lebendig geht es im überwachten Badebereich des liebevoll angelegten Strandbads am Nordufer zu. Für den kleinen Hunger ist die Imbissoase Lieferant für obligatorisches Eis oder köstliche Pommes, die einfach zu einem Badetag dazu gehören. Feinschmecker finden auf der großzügigen Panoramaterrasse ein reichhaltiges kulinarisches Angebot mit so manch saisonaler Überraschung. Ob nach den neuesten Standards der gehobenen Landhausküche oder traditionell bayerische Biergarten-Schmankerl. Besonders chillig lässt sich in bequemen Loungesesseln oder stylischen Sitzkörben, den Spritz in der Hand, der Feierabend erleben. Es gibt viele Anlässe, um den entspannten Blick auf den Steinsee zu genießen. Auch das passende Event kann man geschmackvoll in diesem ganz besonderen Ambiente feiern. Deutlich ruhiger und vor allem günstiger sind die Plätzchen am südöstlichen See. Hier verzichtet man allerdings auch auf Kiosk und Bademeister. Egal an welcher Uferseite man Glücksmomente spürt, funktionsfähige Mückenabwehr ist überall angesagt.

TIPP

Unbedingt an die sensiblen Ökosysteme zwischen Moor und Schilf denken und das Betretungsverbot wahren.

- Freibad am Steinsee, Niederseeon 17, 85665 Moosach
- ÖPNV: S4, Haltestelle Zorneding, dann Bus 453, Haltestelle Niederseeon, Schule, ca. 10 Min. Fußweg

Bayerns schönster Ort

68 See und Kloster Höglwörth in Anger

Waldig feucht duftet die Luft, während die Sonne gelegentlich einen Lichtfinger durch die Wolken schiebt, einen silbernen Streif auf das Wasser malt und so das Kloster mit einer magischen Stimmung belegt. Gemütlich führt die halbstündige Runde durch Pfeifengraswiesen, Quellhangmoore und Laubwald rund um den zauberhaften Höglwörther See, auf dessen Halbinsel das namensgebende Kloster thront. Hier heißt es waldbaden mit himmlischer Aussicht, inmitten des eiszeitlich geformten Urstromtals.

Markant erhebt sich, von fast überall gut sichtbar, der quadratische Glockenturm mit Zwiebelhaube über der ehemaligen Klosterkirche. Über eine feste Brücke geht es durch ein Tor ins Innere. Fast scheint die Zeit stillzustehen, betritt man den mit faustgroßen Kieselsteinen gepflasterten klösterlichen Innenhof. Ein Ort der Ruhe und Stille wirkt, ob man möchte oder nicht, ganz automatisch. Dicht bewachsene Mauern vermitteln Verständnis, warum es hier eine Weintaverne gegeben haben soll. Aber Bier? Nicht ganz von ungefähr verläuft ein Stück der Wieninger Bierrunde um den See, an dessen Ende sich ein verlockendes Strandbad mit dem Seecafé befindet. Doch warum Bierrunde? Im Jahr 1730 verkauften die Augustiner Chorherren aus wirtschaftlichen Gründen ihre Weingüter und errichteten ein Brauhaus, das 1821 Philipp Wieninger inklusive der Gebäude erwarb. Die perfekte Expansion zu seiner Brauerei in Teisendorf und noch heute im Besitz der Privatbrauerei Wieninger.

Der Begriff Wörth ist eine alte Bezeichnung für Insel. Doch ob das burgähnliche Klostergebäude am See für König Ludwig I. mit ein Grund war, Anger seinerzeit als „schönstes Dorf Bayerns“ zu bezeichnen, ist ungewiss. In jedem Fall war es die Pracht des Dorfplatzes mit seiner hohen Mariensäule, die den Monarchen faszinierte.

TIPP

Direkt am See liegt der Klosterwirt Höglwörth der Wieninger Brauerei mit einem großen Biergarten.

- Höglwörther See, 83454 Anger
- ÖPNV: Bus 829, Haltestelle Höglwörther See Abzw. Anger, ca. 8 Min. Fußweg

Höllisches Glück

69 Durch die Höllentalklamm in Grainau

Jeder einzelne Tropfen zaubert ein Lächeln ins Gesicht und davon gibt es hier, in der faszinierenden Höllentalklamm, so einige. Verwegen spritzt die neblige Gischt, die von weichen Sonnenstrahlen in glitzernde Diamanten verwandelt wird, zwischen mystischen Felswänden auf. Bizarre Formationen hat das Wasser freigelegt, während es sich über Jahrtausende teilweise bis zu 150 Meter tief zwischen Muschelsteinschichten durchgegraben hat. Festes Schuhwerk und Trittsicherheit sind einem Besuch der Klamm zwingend nötig und auch ein Regenschutz ist zu empfehlen. Zugegeben, wenn sommerliche Temperaturen Lust auf eine Abkühlung machen, eignet sich tosendes Gletscherwasser aus dem Höllentalfernen am Fuß der Zugspitze wunderbar. Überall plätschern kleine Wasserfälle von den Felsen und sparen weder beleuchtete Tunnelabschnitte, noch schmale Pfade, Brücken oder hölzerne Planken aus. Höllisch imposant. Dabei hat die Höllentalklamm keineswegs, wie man meinen könnte, etwas mit der Hölle zu tun. Vielmehr versteckt sich im Namen der Begriff aushöhlen und da hat die Natur wirklich ganze Arbeit geleistet. Naturgewalten, die sich als Schnee- und Wassermassen regelmäßig durch die Schlucht schieben, machen die Klamm im Winter unpassierbar.

Bereits 1905 wurde die oberhalb von Hammersbach liegende, zu Fuß gut eine Stunde entfernte Klamm für Wanderer geöffnet, zumal sich der bisherige Erzbergbau als unrentabel herausstellte. Eindrucksvoll zusammengetragen führt ein kleines Museum direkt am Klammeingang durch die örtliche Geschichte.

Gut 1 Kilometer misst der beeindruckende Weg durch die Felsenschlucht, an deren Ende man umdrehen oder über den Stangensteig oberhalb zurückwandern kann. Sportlich ambitionierter erreicht man auf markierten Wegen nach insgesamt knapp 700 Höhenmetern in wirklich atemberaubender Natur die Höllentalangerhütte, eine von zwei Einkehrmöglichkeiten. Diese Route bis zur Hütte ist eine Tagestour, die unbedingt als abwechslungsreiche Genusswanderung für Geübte zu empfehlen ist.

● Höllentalklamm, Höllental, 82491 Grainau, www.hoellentalklamm-info.de
● ÖPNV: Eibseebus, Haltestelle Hammersbach

Fifty Shades of Green

70 Sommerfrische am Thumsee

Staunen wirkt Wunder und genau darum sind große und kleine Wow-Momente im Leben so kostbar. Manchmal kann man das Glück des Augenblicks kaum fassen. Einen dieser Momente erlebt man genau hier, während man verzaubert vom faszinierenden Bergpanorama der Voralpen das malerische Türkisblau des Thumsees genießt. Glasklar lädt der See zum Verweilen ein. Ob gemütlich beim Sonnenbad in einer der idyllisch gelegenen kleinen Buchten oder auf der großzügigen Liegewiese im Strandbad. Vorbei an naturbelassenen, dichten Schilfstreifen, die Wasservögeln, Fischen und Amphibien Schutz und Lebensraum bieten, lässt sich der See auf einem ebenen, 2,5 Kilometer langen Weg umrunden. Sanft spielt die Sonne mit den hellen Blättern und zaubert sinnliche Schattenmosaike. Im Blick bleibt immer die beeindruckende Bergwelt, die das wunderschöne Landschaftsschutzgebiet mit der klaren Luft des Seetals umgibt.
Ob Sigmund Freud die Magie dieses Kraftortes gespürt hat, als er ab 1901 regelmäßig in Begleitung seiner Familie zahlreiche Urlaube hier verbrachte? Noch heute lässt sich eine Einkehr im damals frisch erbauten Hotel Seewirt genießen. Fast ein bisschen nostalgisch anmutend, wie zu Zeiten als hier der wohl berühmteste Gast logierte, schimmert der helle, denkmalgeschützte Bau mit seinen großen Sprossenfenstern bereits bei der Anreise zwischen den Bäumen hindurch. Auch wenn eine Übernachtung nicht mehr möglich ist, auf der großen Sonnenterrasse ist gemütliches Seefeeling geboten.
Im Sommer verwandeln die steil aufragenden Felswände den See regelmäßig in eine gigantische Konzertbühne. Gemütlich mit Picknickkorb und Decke ausgestattet, lauschen Besucher dem Sommernachtskonzert der Reichenhaller Philharmoniker und weiteren Highlights. Den krönenden Abschluss bildet ein spektakuläres Feuerwerk.

- Thumsee, 83435 Bad Reichenhall
- ÖPNV: Stadtbus 2, Haltestelle Thumsee/Seewirt

Energie-Kick in der City

71 Botanischer Garten München

Einfach mal grün- statt blaumachen oder noch besser bunt! Es ist die Mischung aus Schatten spendenden alten Bäumen, frisch plätschernden Brunnen, ruhigen Teichen und farbenfrohen Blumenbeeten, die den Botanischen Garten München-Nymphenburg zu einer grüner Oase zum Krafttanken macht. Dabei ist Schönheit nur das eine, denn seine Aufgabe ist es, auf einer Fläche von 21,2 Hektar fast 20.000 Wild- und Kulturpflanzen aus der ganzen Welt nach wissenschaftlichen Kriterien zu kultivieren. Nationale und internationale Forschungsprojekte liefern wichtige Beobachtungsdaten, wenn es um die Biodiversität auf diesem wunderschönen Planeten geht. So bietet der Botanische Garten zahlreichen Insekten- und Vogelarten Lebensraum, was auf spannende Weise Aufschluss über Bestäubung, Samenverbreitung und natürliche Schädlingsbekämpfung gibt.

Von einer Parklandschaft umgeben, lädt das Arboretum mit dem anschließenden dunklen Moosgrün der Farnschlucht zum Spazieren ein. Ob Arznei- oder Nahrungspflanzen, der Nutzpflanzengarten bietet ein breites Spektrum wirkungsvoller Objekte. Wenn auch eine Außenstation und damit nicht in München, beherbergt der Alpengarten am Schachen im Wettersteinmassiv seit über 100 Jahren verschiedenste Pflanzenarten aus dem heimischen Hochgebirge bis zum fernen Himalaja.

Ein Regentag kann zum genussvollen Highlight werden, begibt man sich in den über 5000 Quadratmetern der zwölf Gewächshäuser auf eine kleine Weltreise durch heiße Wüsten, tropische Feuchtgebiete und kühle Bergwälder. Nach wenigen Schritten fühlt man sich in den Dschungel versetzt. Die trägen Schildkröten scheint es nicht zu interessieren, dass Orchideen mit über 30.000 verschiedenen Arten die vielfältigste Pflanzengattung der Welt sind. Zwischen den Klimazonen ist Genießen angesagt, um so der Welt draußen eine Zeit lang zu entfliehen. Wie überdimensionale Platten wirken die kreisrunden Blätter der Riesenseerosen, die mit ihren fast 2 Metern Durchmesser unter der Glaskuppel dümpeln, während sie von herabhängenden fleischfressenden Kannenpflanzen beäugt werden.

- Botanischer Garten (Haupteingang), Menzinger Straße 65, 80638 München, botmuc.snsb.de
- ÖPNV: Tram 17, Bus 143, 180, Haltestelle Botanischer Garten

Eiskalte Aerosole

72 Genuss am Glasbachwasserfall in der Jachenau

Wild und fröhlich stürzt sich mutig der eisige Glasbach geschätzte 20 Meter über eine Klippe in die Tiefe. Besonders hoch mag das nicht erscheinen, beeindruckend ist er trotzdem, der Glasbachwasserfall. Über die Zeit hat sich am Fuß der Felsstufe eine zauberhafte blaue Gumpe gebildet, in der sich das kühle Nass sammelt, bevor es munter gurgelnd als Große Laine vereint ins Tal rauscht. Gischt sprüht entlang des teils moosigen Felsen auf und reichert die Luft mit wohltuenden Aerosolen an. Frische Kraft sammeln geht an diesem Ort der Alltagsflucht wunderbar. Schnell wird sich der Wanderschuhe und Socken entledigt und mit den Füßen im Wasser geplanscht. Zwei Bänke unter Schatten spendenden Bäumen eignen sich ebenso als Auszeitplatz für ein gemütliches Picknick wie einige teils flache Sitzsteine.

Um diesen blauen Glücksort genießen, erleben und spüren zu können, ist ein bisschen sportliche Aktivität nötig. Ohne große Steigung führt ein schmaler Wurzelpfad oberhalb des Baches bergan. Schöne Waldabschnitte wechseln sich mit blühenden Almwiesen, weiten Almen und schönem Ausblick in die umliegende Bergwelt ab. Der Weg ist ein kleines Abenteuer und so laden weiße Felsblöcke im Bachbett an unterschiedlichen Stellen zum Verweilen und Steinmännchen bauen ein. Für große und kleine Kinder ein echtes Paradies, um der Fantasie zwischen Schwemmholz und schimmernden Bachkieseln freien Lauf zu lassen. Bestens ausgeschildert, ist die Gefahr sich zu verlaufen sehr gering. Eher stellt sich die Frage, wie viel inspirierende Zeit die kleinen Momente der Vollkommenheit vor dem Weitergehen in Anspruch nehmen.

Ungefähr 800 Meter unterhalb des markanten Felskamms der Glaswand lohnt sich zwischen April und Oktober eine Kucheneinkehr auf der Lainlalm. Die selbst gemachten Kuchen aus der Wohlfühlküche sind immer eine Pause wert.

TIPP

Mit 150 Höhenmetern und einer Strecke von 9 Kilometern ist der familienfreundliche Weg zu jeder Jahreszeit ein Erlebnis.

- Glasbachwasserfall in der Jachenau, 83676 Jachenau
- ÖPNV: Bus 9595, Haltestelle Jachenau-Dorf Post

Geheimnisumwittert

73 Waldbaden am Tüttensee

Klein und abgeschieden, leicht versteckt und mit so manchem Geheimnis verbunden – der Tüttensee ist einer der wärmsten Seen des Chiemgaus. Munter surren blaubäuchige Libellen durch die tiefgrüne Ufervegetation inmitten des waldigen Landschaftsschutzgebietes, während funkelnde Sonnenstrahlen ein wahres Wasserleuchten auf die moorige Seeoberfläche zaubern. Gemütlich und in absoluter Ruhe lässt es sich über den ebenen Spazierweg einmal um den See schlendern. Der Weg dauert kaum länger als eine Stunde, Zeit genug, um hin und wieder einen Blick auf die Berggipfel im Süden zu werfen oder die Hinterlassenschaften des fleißigen Bibers zu betrachten. Weit weg vom Alltag, Naturgenuss pur.

So friedlich der heute dank einer Pflanzenkläranlage gesunde See auch daliegt, mindestens ein Geheimnis birgt er in seinen Tiefen. So ist seine Entstehungsgeschichte nicht abschließend geklärt. Vermutlich ist der Tüttensee ein Toteissee, ein etwa 12.000 Jahre altes Relikt der letzten Eiszeit, die damals die gesamte bayerische Voralpenlandschaft modellierte. Anhänger der sogenannten Chiemgau-Impakt-Theorie hingegen gehen von einem Meteoriteneinschlag aus. Wie auch immer vor Urzeiten entstanden, dem idyllischen Charme, der am gemütlichen Seebad zum erfrischenden Sprung ins kühle Nass einlädt, tut diese unlösbare Diskussion keinen Abbruch.

Über der Liegewiese des Seebads rauschen leise die Blätter in den Baumkronen, während auf der großzügigen Holzterrasse kulinarische Leckerbissen herzlich serviert werden. Den wunderbaren Blick über den See ins umliegende Naturschutzgebiet gibt es kostenfrei dazu. Ruhig lässt es sich auf einem der Leih-Surfbretter über die Wasseroberfläche dümpeln. Einige Holzstege bieten auf einfache Weise einen Seezugang. Der Nichtschwimmerbereich ermöglicht auch den Zwergen ein ungefährliches Wasservergnügen. Nach einer Runde zur Schwimminsel steht Sonnenbaden oder einer Partie Beachvolleyball nichts mehr im Weg.

- Seebad Tüttensee, Lueg 2, 83377 Vachendorf, www.tuettensee-seebad.de
- ÖPNV: Bus 9509, 9520, Haltestelle Marwang, Grabenstätt, ca. 20 Min. Fußweg

Königliche Kulisse

74 Sonnenuntergang am Staffelsee

Fast unwirklich spiegeln sich malerisch die Silhouetten der gemütlich vorbeiziehenden Boote im klaren Wasser des Sees. Lichtreflexe glänzen auf der Oberfläche wie kleine Perlen. Die warmen Farben der untergehenden Sonne tauchen die Szenerie in einen zauberhaften Glanz. Unmerklich lässt die ruhige Atmosphäre den Alltagsstress verschwinden und tauscht den Platz mit einem Gefühl tiefer Zufriedenheit. Ein magischer Moment, in dem die Zeit stillzustehen scheint. Ein Sonnenuntergang am Staffelsee lässt die Natur zu einem Gesamtkunstwerk für Genießer werden. Er ist eine Ode an die Schönheit der Welt und erinnert uns daran, wie wichtig es ist, solche besonderen Augenblicke zu schätzen und zu genießen.

Vorbei am kleinen Hafen, in dem gemütlich die Boote leise auf dem ruhigen Wasser zwischen Stegen und hölzernen Bootshäusern tanzen. Sanft beschattet vom Lichterspiel in den Blättern der großen Bäume führt der Weg hinaus auf eine kleine Landzunge. Still steht das schmiedeeiserne Kreuz auf seinem Betonsockel unweit des Ufers im Wasser. Im Hintergrund Wörth, eine der insgesamt sieben See-Inseln, die wie in einem Scherenschnitt mit ihren Bäumen über der Wasseroberfläche des Staffelsees aufragen. Hier lässt es sich aushalten, ob auf einer Picknickdecke im weichen Gras oder etwas erhaben auf einer der drei hölzernen Bänke. Noch ein paar Schritte weiter den kleinen Hügel hinauf, verändert sich die Sicht über den See ein wenig und ein kleiner Unterstand fängt aufziehende Regentropfen ab. In dieser Augenblickseeligkeit wird klar, was einst Künstler um die Gruppe „Der Blaue Reiter" wie Wassily Kandinsky und Gabriele Münter an die malerischen Orte am Staffelsee lockte. Hier fanden sie Inspiration, um die Atmosphäre des Sees in einer Vielzahl expressionistischer Werke einzufangen.

Auch wer die 20 Kilometer rund um den Staffelsee wandert, sollte sich einen kleinen Abstecher zu dieser Kraftoase gönnen, denn sie bietet zu jeder Tageszeit Ruhe und Wohlbefinden.

TIPP

Eine Schiffsanlegestelle, das Strandbad Seehausen und die Campinginsel Buchau sind in unmittelbarer Nähe.

- Staffelsee, Johannisstraße, 82418 Seehausen
- ÖPNV: Bus 9601, 9631, Haltestelle Schule Seehausen am Staffelsee, ca. 4 Min. Fußweg

Immer im Fluss

75 Der Lechuferweg bei Lechbruck am Lechstausee

Türkisblau fließt er mal ruhig und dann wieder munter plätschernd dahin, bevor er im Lechstausee erst einmal in ganz entspannte Gefilde strömt. Der Lech, einer der letzten Wildflüsse, startet seine spannende Reise im Formarinsee im Vorarlberg, stürzt sich dann als Lechfall waghalsig bei Füssen über fünf Stufen 12 Meter in die Tiefe, wird langsam immer zahmer, bis er sein Wasser nach insgesamt 260 Kilometern über die Donau ins Schwarze Meer schickt. Beim Lech stellt sich immer wieder die Frage nach seiner einzigartigen grünblauen Färbung, die sich bei einer entspannten Auszeit auf einer der Uferliegen bestens begutachten lässt. In den gelösten Mineralstoffen des Wassers wird das Sonnenlicht so gebrochen, dass der Fluss seine außergewöhnlich anmutig blaue Farbe erhält.

Rund um den Lechstausee finden sich viele kleine Kraftoasen, um die Seele baumeln zu lassen. Hier lässt sich das süße Nichtstun bei einer Floßfahrt ebenso zelebrieren wie bei einem Spaziergang entlang des Uferwegs. Regelmäßig laden neben Bänken mit traumhaftem Alpenblick auch Glücksorte zum Kneippen oder zu exklusiven Vogelbeobachtungen ein. Ob zu Fuß oder per Rad, der Lechuferweg eignet sich optimal als Verwöhnpause für Auszeitgenießer. Kulinarische Wohlfühlmomente lassen sich auf der sonnigen Terrasse im Flößerstadl am kleinen Bootshafen genießen, bevor sich ein Ausflug auf den See per Ruder- oder Tretboot anbietet. Reisepass dabei? Denn als verbindendes Element liegt das östliche Ufer als westlichste Region in Oberbayern. Begibt man sich auf die andere Flussseite steht man bereits im Allgäu. Die vielen Wasservögel lassen sich davon in keinster Weise beeindrucken und plätschern voll Abenteuerlust im kühlen Nass. Der Lechstausee bietet ein Erlebnis.

Momente der Vollkommenheit beflügeln mühelos alle Sinne. Im Hinterkopf macht sich der Gedanke bemerkbar, welch faszinierende Geschichten der Fluss wohl von seiner Reise erzählen könnte.

TIPP

Mit insgesamt ebenen 8 Kilometern Länge bietet sich der Lechrundweg für einen erholsamem Spaziergang an.

- Lechstausee bei Lechbruck, Lechuferweg, 86983 Lechbruck
- ÖPNV: Bus 72, 9821, Haltestelle Rathaus, Lechbruck am See (am Flößergolf vorbei geht es direkt auf den Uferweg)

Auf ins Abenteuer!

76 Per Boot auf der Altmühl

Gemächlich strömt die Altmühl dahin, Schwäne begleiten ein paar Paddelschläge lang das Boot, schillernde Libellen tanzen über das Wasser, Reiher staksen auf Futtersuche über die Wiesen. An der sanften Uferböschung fühlen sich nicht nur Enten „biberwohl". Die fleißigen Nager, die über 100 Jahre in Bayern ausgerottet waren, hinterlassen deutliche Zahnspuren und formen so aktiv ihren Lebensraum neu – ein großes Plus für Grundwasser, Flora, Fauna und menschlichen Erholungsraum.

Beim Wandern mit dem Boot geben die Oberarmmuskeln das Tempo vor. Und natürlich der Fluss, der den Naturpark Altmühltal in aller Seelenruhe durchquert. In aller Gemütlichkeit heißt es hier aktiv zu sein, dem Wasser ganz nah, um so ganz entspannt Deutschlands langsamsten Fluss zu erkunden. Auf ihrem Weg von der Frankenhöhe zur Donau schlängelt sich die Altmühl auf rund 220 Kilometern gelassen quer durch Bayern. Dabei lässt sie ein kleines Paradies entstehen. Der Fluss eignet sich hervorragend für dieses ultimativ-genussvolle Sommervergnügen. Ob Anfänger oder erfahrene Bootwanderer, auf knapp 120 Kilometern sorgt er für wunderschöne Glücksmomente auf dem Wasser. Gemütlich paddelnd lassen sich etwa 3 bis 4 Kilometer pro Stunde zurücklegen. Die Etappenabschnitte sind ganz nach Lust, Laune und Ausdauer unterschiedlich zu gestalten. Jedes Stück hat seinen ganz eigenen Reiz. Stellt sich nur die Frage: Wo befindet sich der schönste Rastplatz, an dem die Sonnenstrahlen weich durch das grüne Laubdach strahlen?

Besonders romantisch wird die Tour mit einer Übernachtung unter dem Sternenzelt. Ausgewiesene Bootsrastplätze laden – nach vorheriger Reservierung – zum Verweilen ein. Soll es doch eher eine feste Unterkunft sein, dann wird es im Schlaffass kuschelig. Einige Campingplätze entlang der Altmühl bieten diese ungewöhnliche Art des Übernachtens an. Wer kein eigenes Boot besitzt, wird bei den Bootwanderspezialisten fündig, ob bei der Wahl des passenden Gefährts, beim Gepäcktransport oder beim Rücktransfer zum Ausgangspunkt der Tour.

TIPP

Die beste Zeit für ein Flussabenteuer sind die Monate Mai bis September.

● Informationszentrum Naturpark Altmühltal, Notre Dame 1, 85072 Eichstätt
www.naturpark-altmuehltal.de/bootwandern/

Isarflimmern

77 Kaffeegenuss im LOVE am Fluss

Mit sanftem Rauschen und türkisblau schimmernd fließt sie an der Terrasse vorbei, die Isar. Frühstücken direkt am Fluss mit Blick auf die historische Altstadt von Bad Tölz: Im komplett in dezentes helles Lila gehüllten Café LOVE wird dieser genussvolle Traum wahr. Liebevoll zubereitet auf einer mehrstöckigen Etagere finden sich unterschiedliche Köstlichkeiten. Ausgewählte Produzenten liefern aus der Region, was als frisch zubereitete Speisen und hausgemachte Kuchen auf den Teller kommt.

Mit einem unvergesslichen Blick auf die Isar lassen sich besondere Wohlfühlmomente genießen. Doch sie fließt nicht immer ruhig dahin, sondern kann auch unberechenbar und wild werden, wie bereits ihr Name verrät: Isar heißt „die Reißende". Einer der Gründe, warum die Sandbänke im farbenfrohen Isartal einem ständigen Wandel unterworfen sind. Waren hier gestern noch steinerne Männchen, kann sich das Bild heute bereits völlig verändert haben.

Wer sich im Einklang mit der Natur zu einzigartig schönen Glücksorten im idyllischen Isarwinkel begibt, wird immer wieder überrascht. Ob bei einem gemütlichen Spaziergang, einer Radtour oder einfach wunderbar unaufgeregt am Ufer sitzend, während man die glitzernden Lichtreflexe auf sich wirken lässt. Die Isar ist eine Einladung zu Ruhe und Besinnung. Versteckte schmale Pfade ermöglichen regelmäßig den direkten Wasserzugang. Wie kleine Inseln muten die Sandbänke inmitten der großen, rundgeschliffenen Steine an. Orte zum Innehalten und Energietanken. Die Wahrnehmung von Blau macht den Kopf frei und beruhigt gleichermaßen.

Als steinblaue Schönheit plätschert die Isar auf 295 Kilometern wie ein schillerndes Band durch Tirol und Bayern, um in der Nähe von Deggendorf in die Donau zu münden. Unzählige Tierarten finden in ihrem Bett einen einzigartigen Lebensraum. Faszinierend leuchtet das Wasser meist klar in unergründlich blauen Farben und zieht alle Blicke auf sich. Ein Genuss für die Augen, der sich beim Frühstück auf der charmanten Caféterrasse im LOVE besonders entspannt erleben lässt.

● Café LOVE, Amtorplatz 2, 83646 Bad Tölz, www.cafelove.de
ÖPNV: Bus 311, 364, Haltestelle Amtorplatz

LOVE

Wie ein Tag am Meer

78 Das Gradierwerk im königlichen Kurgarten

Bunt und doch dezent vermittelt der Kurgarten ein Gefühl von Ruhe und Genuss. Munter plätschern die Brunnen umringt von gemütlichen Liegestühlen, die zum Verweilen einladen. Fast könnte man meinen, es riecht nach Meer und das im südöstlichsten Zipfel von Oberbayern? Bereits 1868 legte der Bayerische Hofgärtner Carl von Effner ein harmonisches Kleinod an. Von fast jedem Platz im königlichen Kurgarten des einzigen Staatsbads in Oberbayern lässt sich der Blick in die herrliche Bergwelt rund um Bad Reichenhall genießen. Zu jeder Jahreszeit verzaubert die üppige Pflanzenpracht zwischen Wandelhalle und Konzertrotunde. Ein Ort, an dem die Zeit stillzustehen scheint. Wer auf einer der unzähligen Parkbänke Platz nimmt, erlebt um sich herum ein wahres Feuerwerk für die Sinne. Bunt leuchten die unterschiedlichen Blumen mit dem satten Grün der altehrwürdigen Baumriesen um die Wette. In den Brunnen plätschert gurgelnd das Wasser, während die Sole sanft vernebelt über die Schwarzdornzweige im Gradierwerk rieselt. Herrlich, einfach nur dasitzen, den Moment genießen und im Hier und Jetzt sein.

Mit 160 Metern Länge und einer Höhe von 13 Metern ist das 1912 erbaute Gradierwerk ein imposantes Gebäude. Tröpfchenweise rieselt die 26-prozentige Alpensole über das tiefdunkle Geäst hinab und sorgt so feinvernebelt für gesunde Luft. Die Zerstäubung zu feinsten Aerosolen wirkt sich positiv auf Atemwege, Haut und Immunsystem aus. Luft-Genuss wie bei einem Tag am Meer, nur der Ausblick auf die angrenzenden Berggipfel sorgt für noch mehr Erholung. Seine gesunde Wirkung entfaltet das weltgrößte Alpen-Freiluft-Inhalatorium bereits ab dem ersten Atemzug.

Schon König Maximilian II. von Bayern liebte diesen Ort. Umgeben von einer eindrucksvollen Bergkulisse und geadelt mit einem königlichen Kurgarten am Fuß der ältesten Seilbahn der Welt. Die bayerische Alpenstadt ist eine gelungene Mischung aus historischem Flair, magischer Natur und der perfekten Portion modernem Ambiente.

● Königlicher Kurgarten, Kurstraße, 83435 Bad Reichenhall
www.bad-reichenhall.de
● ÖPNV: Bus 180, 260, Haltestelle Kurgastzentrum

Wasserspaß für alle!

79

Das Erholungsgebiet Ambach am Starnberger See

Stürmisch pfeift der frische Wind aus den Bergen über den See. Wild sprüht die Gischt und lässt muntere Schaumkronen über die Wellen tanzen. Man könnte meinen, bei diesem Wetter ist ein gemütlicher Tag auf dem Sofa angebracht. Doch hier im Erholungsgebiet Ambach am Starnberger See ist immer Saison. Vergnügen sich bei Sturm Kiter und Surfer mit geblähten Segeln auf dem Wasser, lockt die wolkenarme Zeit Sonnenanbeter an den größten Badeplatz des wasserreichsten Sees, der sich ausschließlich auf deutschem Staatsgebiet befindet. Wen aber interessieren Zahlen wie die maximale Tiefe von 127,8 Metern und der Umfang von 49 Kilometern oder der Hinweis, dass der Starnberger See knapp 3 Kubikkilometer Wasser speichert oder dass der königliche See bis 1962 Würmsee hieß?

TIPP

Der RadlRing München führt auf seiner 440 Kilometer langen Runde direkt am Erholungsgebiet vorbei.

Dank der letzten Eiszeit, die das Seebecken in seiner heutigen Form schuf, lässt sich gemütlich am 2,5 Kilometer langen, flach abfallenden kiesigen Uferbereich am süd-östlichen See so ziemlich alles genießen, was man am, im und auf dem Wasser erleben kann. Zahlreiche Bäume spenden himmlischen Schatten über großzügigen Liegewiesen. Immer im Blick das herrliche Alpenpanorama. Zwei hölzerne Badestege markieren im Norden und Süden das Naherholungsgebiet. Je nach Wind lassen sich am nördlichen Steg eher die Kiter und im Süden die Surfer beobachten, wie sie an geblähten Segeln gekonnt über das Wasser pflügen. Gemein aber haben die Stege den Ausblick und damit ihren privilegierten Platz für einen lauschigen Sundowner.

Zwei Gaststätten und ein kleiner Kiosk sorgen für das leibliche Wohl. Deutlich romantischer ist jedoch die eigene Picknickdecke. Ab 20 Uhr entpuppt sich das Erholungsgebiet als Geheimtipp für Grillfans, den es bietet einen der wenigen öffentlichen Grillplätze am See. Dann wird es auch langsam ruhiger und das Gewusel nimmt merklich ab.

- Erholungsgebiet Ambach, Buchscharnstraße 1B, 82541 Münsing www.erholungsflaechenverein.de
- ÖPNV: S7, Bahnhof Wolfratshausen, dann Bus 373, Haltestelle Ambach, Badeplatz

Karibischer Sundowner

80

Die Beach Bar Übersee am Chiemseestrand

Sanft taucht die untergehende Sonne den See in goldenes Glitzerlicht, während die Eiswürfel munter im Glas klirren. Rhythmische Reggae-Klänge vibrieren sanft in den Ohren und der Blick schweift sinnierend über die glatte Wasserfläche. Ein leiser Hauch von Karibik weht am südöstlichen Seeufer durch die Luft. Draußen wird zum neuen Drinnen und dieser Ort am Chiemseestrand zu magischer Seelennahrung. Fast unwirklich schimmert die Silhouette der schroffen Gipfel der Kampenwand wie ein Scherenschnitt inmitten der in sanftes Orange getauchten Szenerie. Glitzernd ziehen die silbrigen Spuren der über dem See abtauchenden Abendsonne ihre Bahnen.

Bequeme Sitzmöglichkeiten und Liegestühle laden dazu ein, sich niederzulassen. Mit einer Decke wird der feine Sandstrand direkt am Wasser schnell zur perfekten Picknick-Location. Rechtzeitig vor Ort zu sein schadet nicht, denn besonders in den frühen Abendstunden lockt die Beach Bar zahlreiche Einheimische und Urlauber an diesen zauberhaften Ort. Hier findet man vom kühlen Bier über Cocktails bis zu leckeren Süßkartoffelpommes alles, was das Herz begehrt. Wenn die Sonne untergegangen ist und sich der Himmel in ruhiges Dämmerungsblau gehüllt hat, beginnen zwischen den Sitzmöglichkeiten kleine Lagerfeuer romantisch zu knistern.

TIPP

Im Sommer den Tag auf der weitläufigen Wiese im Strandbad genießen.

Was an lauen Sommerabenden im T-Shirt zu genießen ist, sorgt in den Wintermonaten mit heißem Kakao und dicker Winterjacke ebenfalls für pure Lebensfreude und glücksbringende Augenblicke. Neben diesem außergewöhnlichen Ausblick, den köstlichen Leckereien und der besonderen Atmosphäre hat nicht zuletzt das freundliche Team einen großen Anteil an diesem genussvollen Alltagsabenteuer.

Ob einfach so zum Genießen, nach einem gemütlichen Spaziergang zum Beobachtungsturm Lachsgang oder nach einem entspannten Tag im angrenzenden Strandbad: Einen gechillteren Ort für den Sonnenuntergang findet man am gesamten Chiemsee nicht.

- Strandbad & Beach Bar Übersee, Julius-Exter-Promenade 31, 83236 Übersee, Tel. (01 71) 7 91 89 47
- ÖPNV: Bus 9509, 9531, 9586, Haltestelle Feldwies Dampfersteg, Übersee, ca. 15 Min. Fußweg über den Uferweg

RESPECT
Only Good Vibes
SAVE THE NATURE
Happiness looks gorgeous on you
PEACE
ENJOY
Welcome
BEACH BAR
Geöffnet
Pinsa Romana
Das Original aus Italien
400m

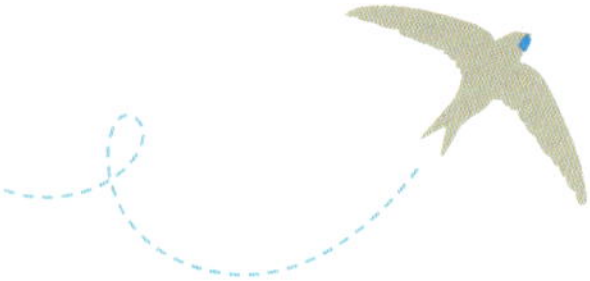

Bibliografische Informationen der Deutschen Nationalbibliothek
Die Deutsche Nationalbibliothek verzeichnet diese Publikation in der Deutschen Nationalbibliografie; detaillierte bibliografische Daten sind im Internet über http://dnb.d-nb.de abrufbar.

Konzeption/Satz: Droste Verlag, Düsseldorf
Einbandgestaltung und Illustrationen: Britta Rungwerth, Düsseldorf, unter Verwendung von Bildern von © Fotolia.com: jd – photodesign.de; © iStock: Plociennik Robert
Fotos: Katja Wegener, außer: S. 11: Karen Harbs; S. 49: Fabian Christ; S. 59: www.stock.adobe.com/traveldia; S. 101: Martin Deflorin; S. 111: Thomas Pfannkuch; S. 131: Gerhard Sälzle; S. 137: Der Tegernsee Stefanie Pfeiler; S. 159: Altmühltal/Stiphout
Das Foto auf S. 33 wurde mit freundlicher Genehmigung der Bayerischen Schlösserverwaltung aufgenommen.
Das Foto auf S. 39 wurde mit freundlicher Genehmigung des Buchheim Museums aufgenommen.
Textlektorat: Brigitte Lotz, Essen

FSC www.fsc.org MIX Papier | Fördert gute Waldnutzung FSC® C011279

Druck und Bindung: LUC GmbH, Greven
ISBN 978-3-7700-2562-6

www.droste-verlag.de